お地蔵さんと日本人

清水邦彦

法藏館

『地蔵菩薩霊験記絵巻』（東京国立博物館蔵）ColBase をもとに加工。

お地蔵さんと日本人＊目次

凡例　vi

序章……3

第一章　中国の地蔵信仰……8

第一節　地蔵菩薩の誕生　8

第二節　中国への移入と発展　11

第三節　『地蔵菩薩応験記』　12

（一）天や西方浄土への引導　12／（二）冥途・地獄からの救済　15／（三）道教との関係　17／（四）現世利益　18／（五）生きている人間の姿で現れる　21／（六）その他　21

まとめ　23

第二章　日本への伝播と普及……26

第一節　日本への伝播　26

第二節　地蔵信仰の普及　27
（一）西方浄土への引導　28／（二）冥途・地獄からの救済　31／（三）現世利益　35　／（四）生きている人間（小僧）の姿で現れる　37／（五）神道との関係　38
まとめ　40
第三章　中世の地蔵信仰――中世仏教との関連を中心に……………43
第一節　浄土宗（浄土真宗・時宗を含む）　44
（一）浄土宗と地蔵との関わり　44／（二）法然の思想と地蔵　46／（三）親鸞の思想と地蔵　50／（四）その後の浄土宗と諸派の十王思想　53／（五）時宗　58／（六）小結　62
第二節　禅　宗　63
（一）曹洞宗　63　／（二）臨済宗　71
第三節　顕密仏教　77
（一）南都仏教　78／（二）天台宗　82／（三）真言宗　84／（四）小結　85

第四節　説話・来迎図・板碑　付　六地蔵参　85
（一）説話　85／（二）来迎図・板碑等、説話以外の史料　89／
（三）六地蔵参　91／（四）小結　94
第五節　現世利益　94
第六節　地蔵の姿　98
まとめ　102

第四章　江戸時代の地蔵信仰……108

第一節　説話集の地蔵　108
第二節　路傍の地蔵像　111
（一）東京23区域　112／（二）京都　118／（三）石川県金沢市　134
／（四）「道祖神との習合説」の誕生　135
第三節　現世利益　140
（一）江戸時代の傾向　140／（二）不公平な地蔵　141
第四節　悪さをする地蔵　145

第五節　救済の間接化　148
まとめ　151

第五章　明治時代から現代の地蔵信仰……157
はじめに　157
第一節　非業の死者の救済—東京都域の事例を中心に　160
第二節　水子地蔵の発生　164
第三節　巣鴨のとげぬき地蔵　167
第四節　京都の地蔵盆　173
第五節　生きている人間の姿で現れる　175
まとめと補足　179
参考文献　184
後書き　201

凡　例

一　引用史料で漢文・古文のものは筆者が現代語訳を行った。明治時代以降の史料も前後関係を補う・本書の表記に合わせる・現代語に直す、等筆者が改めた箇所がある。

一　引用史料には、（　）の形で注釈を加えた。

一　引用史料の書名に関しては、原則、著者名（著者の生没年）『書名』（成立年代西暦〈成立年代和暦〉）とした。著者名が不明なものに対して、「著者不明」という注記はせず、『書名』のみとなっている。著者の生没年代が不詳な場合、著者に関する情報を註で触れた場合がある。禅語録・消息集のようにテキストの成立年代がさほど論旨に関わらないものについては成立年代に関する注記を省略した。絵画に関しては、所蔵場所『作品名』（成立年代西暦〈成立年代和暦〉）とした。書名のみ言及したものについては書誌情報を省略した。

一　引用史料に付された傍線は筆者によるものである。

一　引用文中の…は中略を表わす。

一　引用史料の出典の書誌情報に関しては本文内では最低限に留め、詳細は巻末の「引用・言及した文献史料・絵画史料の書誌情報」に記した。

一　本書は一般書であるため、専門用語（語釈）もしくは日常語（専門用語）といった形で語釈を加えている。語釈は原則、各章初出にのみ行っている。また、語釈が長くなる場合、註に語釈を記した。

一　寺および地蔵像等の所在地に関し、執筆当時の地名を付した。原則、都道府県名から付したが、文脈によっては煩雑を避けるため、都道府県名を省略した場合がある。

一　寺に関しては、原則、執筆当時の宗派名を注記した。ただし執筆当時の宗派と史料上の当時の宗派とが異なる等、特別な場合、宗派の注記を省略した場合がある。

一　本書で使用する『日葡辞書』邦訳版とは、土井忠生・他編訳『邦訳日葡辞書』（一九八〇年、岩波書店）を指す。

＊本書の中には現代では差別用語とされる言葉もある。しかし、当該の言葉の歴史的状況を理解するための歴史用語として、そのまま使用している。

帯画像…『矢田地蔵縁起』（奈良国立博物館蔵）ColBase（https://colbase.nich.go.jp/collection_items/narahaku/835-0?locale=ja#&gid=null&pid=7）をもとに加工。

お地蔵さんと日本人

序章

現代日本において、路傍に地蔵像が祀られることは当たり前の風景である。ラフカディオ・ハーン（日本名：小泉八雲、一八五〇〜一九〇四）は以下のように述べている。

日本では、お地蔵さまの立っていない道路はごく稀である。お地蔵さまは巡礼者の守神でもあるからである。（「地蔵」。平川祐弘編『神々の国の首都』所収、一九九〇年、講談社、七四頁）

日本において路傍に祀られる神仏は地蔵に限られない。馬頭観音・聖観音・道祖神（ドウソジンもしくはサエノカミ）・庚申等、多々ある。路傍に祀られる神仏について、全国的な統計はいまだないが、筆者自身の感覚では、地蔵像の数がもっとも多いと思われる。このように判断する一つの理由として、形態的には他の神仏であるにもかかわらず、現地の人から「ジゾウ」と呼ばれるものが全国各地に散見するからである。例えば石川県金沢市金石には、形態的には観音であるが、「ジゾウ」[1]と呼ばれる石像が三体ある。東京都中野区野方四丁目に祀られる石造物を地元の人々は「くろんぼ川のお地蔵さん」と呼んできた［写真1］。しかしながら、形態的には笠付庚申塔である。

筆者が通っていた小学校の通学路の傍らに石仏が祀ってあった。石仏の前を通る小学生は皆「ジゾウ」と呼んでいた。数年前、約二五年ぶりにその石仏を見に行ったところ、形態的には馬頭観音であった［写真2］。なお、この話を実家の母にすると、「いや、あれは地蔵だったはず」の一点張りであった。このような事例は民俗報告書に記録されないだけで、全国に散見すると思われる。

形態的には地蔵ではない路傍の神仏が「ジゾウ」と呼ばれる理由として、地蔵像の数がもっとも多いことの他に、昔話に地蔵が登場することが多いこともあげられよう。稲田浩二・小澤俊夫編『日本昔話通観』（一九七七～一九九八年、同朋舎）を見ると、「笠地蔵」は北海道・沖縄を除く全国各地で採録されている。同じく「地蔵浄土」は全国一九県で採録され、「言うなの地蔵」も同じく一九県で採録されている。昔話が昔ながらに語られる機会は減っているが、絵本・テレビによって継承されている。現代でも、絵本・テレビの昔話において、しばしば「笠地蔵」「猿地蔵」「田植え地蔵」が取り上げられる。「笠地蔵」は「かさこじぞう」として一時期、小学校の国語科教科書に採録されていた（第五章第五節後述）。

ちなみに地蔵像を市有地等公有地に祀ることは憲法違反ではない。すでに最高裁判決が出ている（一九九二年一一月）。

写真 1　東京都中野区野方４丁目に祀られる「くろんぼ川のお地蔵さん」。形態的には笠付庚申塔である。2021年４月16日撮影。

写真 2　東京都練馬区桜台１丁目に祀られる石仏。形態的には馬頭観音である。足もとにミニ地蔵が数体置かれている。かつては個人宅の一角に祀られていたが、個人宅がマンションとなったため、現在はマンションに付随する緑地の一角に祀られている。2021年４月18日撮影。

無論、地蔵像が祀られるのは、路傍に限らない。寺の本尊として祀られることもあるし、寺の境内に祀られることもある。寺で地蔵像を祀ることは、浄土真宗・日蓮宗を例外として、どの宗派でもしばしば見られることである。浄土真宗・日蓮宗でも皆無というわけではない。例えば石川県金沢市もりの里にある蓮華寺（浄土真宗）の境内には地蔵像が祀られている［写真3］［写真4］。日蓮宗だと、例えば東京都品川区南品川にある海徳寺には、ホームラン地蔵が祀られている（第五章第一節後述）。

地蔵像は墓地に祀られることもある。また、墓地の門に地蔵像が祀られることも多い。

このように地蔵は日本人に親しみやすい菩薩であるにもかかわらず、研究成果を踏まえた地蔵信仰

写真3　蓮華寺（浄土真宗、石川県金沢市もりの里）に祀られる地蔵像。2021年3月15日撮影。

写真4　写真3に同じ

史の概説書は稀であった。例外として以下の二書が挙げられる。

まず速水侑(たすく)『地蔵信仰』（一九七五年、塙書房）である。同書は、主に日本仏教史のなかでの地蔵信仰を論じている。研究史上の視点から見ると、問題は二点ある。第一点は、地蔵信仰が民衆に広がる江戸時代以降の論述が薄いことである。第二点は、刊行以降、同書の記述を修正すべき研究成果が多々発表されていることである。なお、速水は同書刊行後、『観音・地蔵・不動』（一九九六年、講談社）(2)を著述している。地蔵に関する記述は、多少の増補はあるものの基本的には『地蔵信仰』を踏襲している。

もう一書は、渡浩一『お地蔵さんの世界』（二〇一一年、慶友社）である。同書は、渡の、これまでの地蔵文学研究の集大成というべきものである。ゆえに説話や絵画などに関しての記述は詳しい。しかし、仏教思想との関連は論じられていない。また、水子地蔵の発生やとげぬき地蔵の隆盛といった、近年における地蔵信仰の変化への言及は薄い。

本書は先行二書を補足する意図をもって、近年の研究成果を踏まえ、平易に地蔵信仰史を論じようとするものである。

註

（1）「くろんぼ川のお地蔵さん」の近くには、かつて妙正寺川の支流が流れていた。これがくろんぼ川であったと想定されている。

（2）二〇一八年に吉川弘文館より復刊された。

第一章　中国の地蔵信仰

第一節　地蔵菩薩の誕生

そもそも地蔵は仏教の菩薩である。菩薩は仏と区別されるべきものである。本来、仏とは悟った人のことであり、ゆえに完全な存在である。一方、菩薩はいまだ悟っていない人であり、修行中の身である。ゆえに菩薩は不完全な存在である。その不完全性ゆえ、時に菩薩は人びとに親しみを感じさせ、信仰対象となる。本書で取り上げる地蔵の他に、著名な信仰対象となった菩薩として観音が挙げられる（湯浅泰雄「日本人の宗教意識」『湯浅泰雄全集　第一〇巻』一九九九年、白亜書房）。

地蔵という名前はサンスクリット語（インドの古代語）のクシティ・ガルバの漢訳（中国語訳）である。クシティは大地、ガルバは子宮の意である。したがって、クシティ・ガルバとは、大地のごとく包む者という意である。ゆえに地蔵はインドの地母神プリティヴィー（大地の生命力・生産力を神格化した女神）と習合した菩薩と考えられている。そのサンスクリット名から、地蔵の起源はインドに求められる。しかしながらインドでは単独の地蔵像はほとんど見られない。中国僧、玄奘[1]（六〇二～六六四）によるインド紀行記『大唐西域記』（六四六年〈貞観二〇〉成立）に地蔵の記述がないことから、七世紀までのインドでは地蔵信仰はさほど盛んではなかったと考えられる。

ただし、地蔵に関する根本経典である、『地蔵十輪経』は、もともとサンスクリット語で書かれたものである。というのも漢文版『地蔵十輪経』には旧訳（くやく）[2]と新訳の二つがあり、両者を対照すると、同一のサンスクリット語文献から翻訳されたとされるからである（南条文雄『大明三蔵聖教目録』一九二九年、南条博士記念刊行会編、三〇頁）。また、部分的ではあるが、サンスクリット語文献に『地蔵十輪経』が引用されている（小倉泰「地獄と地蔵菩薩」『ユーラシア』第二号、一九八五年）。サンスクリット語版『地蔵十輪経』の完本は今に伝わらないが、インド撰述の経典と考えられている。

地蔵に関する、もう一つの根本経典である『地蔵本願経』は、中国で撰述されたものである。後述する『地蔵菩薩応験記』に引用があるため、宋代九八九年（端拱二）には成立していたとされる（眞鍋廣濟『地蔵菩薩の研究』一九六〇年、三密堂書店、八五頁）。これまで出版されてきた書籍では、『地蔵十輪経』と『地蔵本願経』とを合わせて地蔵の性格を論ずる傾向があった。しかしながら、『地蔵十輪経』はインド撰述であるのに対し、『地蔵本願経』は中国撰述である。両経典の成立過程の相違を鑑み、本書では両経典を合わせて分析する立場を取らず、『地蔵十輪経』のみから地蔵の、もともとの特徴を分析する。

『地蔵十輪経』における地蔵の特徴は、以下の四点である。

①声聞の姿、すなわち剃髪するなど僧侶の姿を取る。

この時、地蔵菩薩は数え切れない数の諸菩薩と共に、神通力によって声聞（しょうもん）の姿（剃髪をした僧侶の姿）を取り、南方よりやってきて、釈迦の前に跪（ひざまず）いたのである。

（『国訳一切経』大集部第五巻、二〇頁）

②苦しみに満ちた世界の人々を救う。

仏不在の苦しみに満ちた世界（五濁悪世）において人々を救う。

（前同、一八頁）

③地蔵の名前を唱えた人は、亡くなった際、天[3]に往生し（生まれ変わり）、結果、悟ることができる。

まことの心を持って、地蔵菩薩を心に念じ、その名前を唱え、尊び敬い、供養すれば、みな経典の説くとおりに求める所を得ることができ、諸々の悩みや苦しみから離れ、本人の望む所に随って、天に往生し、悟ることができる。

（前同、二九頁）

④地蔵の名前を唱えた人は、地蔵より現世利益を施される。

地蔵菩薩に帰依し、名前を唱え、礼拝し、供養すれば、願いが全て叶う。このことは他の菩薩より優れている。

（前同、三四～三五頁）

「苦しみに満ちた世界の人々を救う」という特徴から地蔵信仰は中国や日本において末法思想と結びつくこととなった（本章第二節および第二章第二節（二）後述）。また、「南方からやってくる」とあるため、地蔵の居場所は「南方」とされた（第二章第二節（五）後述）。なお確認しておけば、『地蔵十輪経』には西方浄土および阿弥陀仏の名前は登場しない。『地蔵本願経』でも西方浄土および阿弥陀仏の名前は登場しない。

第二節　中国への移入と発展

中国において地蔵信仰が起こるのは、七世紀頃とされる（速水侑『地蔵信仰』一九七五年、塙書房、二九頁）。七世紀というのは、新訳『地蔵十輪経』が中国語に訳出された時期であり、龍門石窟に地蔵像が作られるようになった時期である。

六世紀後半、中国では末法思想が生じた。[4] 道綽（五六二〜六四五）は、現在の苦しみに満ちた世界では浄土教を信仰するしか救われないという思想を説いた。また、六世紀後半は、末法思想を説く仏教の一派、三階教が発生した時期である。末法思想の隆盛により、「苦しみに満ちた世界の人々を救う」地蔵が信仰対象となったのである。

ちなみに三階教の開祖、信行（五四〇〜五九四）は著作に旧訳『地蔵十輪経』をしばしば引用している。これは『地蔵十輪経』に「五濁悪世（ごじょくあくせ）（苦しみに満ちた世界）」という言葉が出てくることを一因とする。新訳『地蔵十輪経』の序文には「『地蔵十輪経』こそ末法の時代にふさわしい教えである」（『国訳一切経』大集部第五巻、一三頁）とある。序文を書いたのは、三階教の僧、信昉（生没年不詳）である。こうしたことから、三階教の徒は地蔵を崇拝していたことがわかる。

七世紀頃、中国仏教の変化と呼応するかたちで、地蔵信仰は受容され、浸透していったのである。

第三節　『地蔵菩薩応験記』

宋代九八九年（端拱二）に成立した説話集、常謹『地蔵菩薩応験記』（以下、『応験記』と略）は、全三二話からなる。編者常謹については『応験記』を編集したこと以外、不明である。唐代（六一八〜九〇七）を舞台とする話が収められている。『応験記』の各説話を見ると、当時の地蔵信仰が活き活きと描写されており、唱導僧[5]がこれらの説話を使って、布教活動していたと想定される。

無論、『応験記』の各説話は伝承であって、全てが史実というわけではない。とはいえ、本節では『応験記』を分析することで、唐代の地蔵信仰の実態を少しでも明らかにする。

（一）天や西方浄土への引導

『地蔵十輪経』において、地蔵は天と関連づけられていた。『応験記』では地蔵を信じている人を天へ引導する話が計八話ある（第四・六・一二・一三・一五・一六・一九・二〇話）。

一方、阿弥陀仏の浄土である西方浄土へ引導する話も計三話ある（第九・一一・二六話）。説話数だけを見ると、天へ引導する話より少ない。しかし、第九・一一話では天と西方浄土との比較が説かれ、その上で西方浄土が選択されている。第九話は、女人ゆえ、主人公が西方浄土を選択する話である。

母はいった。「私は女の身を嫌うので、天に往生することを希望しない。天に往生した場合、再び女の身となる可能性があることを恐れているからである。西方浄土に往生することを望む」と。…二筋の白光が空より下り、母の身上を覆った。しばらくして、空に昇り、西の方向に広がり去っていった。

（第九話、梅津次郎『絵巻物叢考』一九六八年、中央公論美術出版に所収された翻刻より引用[6]。以下同じ）

第一一話は、天での修行は困難ゆえ、西方浄土を選択する話である。

法尚は七八歳になった。その年の二月二四日、仲間にいった。「地蔵菩薩が私の部屋に来た。地蔵はいった。『あなたは、弥勒菩薩が三回行う説法において、第二回目の説法を聞き、発心する人である[7]。今日、寿命が尽き、あなたは天に往生する』と。私は地蔵にいった。『天は五欲（対象に対して起きる情欲）のある世界であり、快楽無比である。天に往生した場合、私は菩提心を失ってしまうでしょう。また、弥勒が天に現れる時期は遥か未来である。私は西方浄土に往生することを希望する』と。地蔵はいった、『あなたの願い通りにする。もし西方浄土に往生しようと思うのであれば、阿弥陀仏を念ずるべきである。一昼夜に亘って、専らに念仏すれば、西方浄土に往生することができる』と。地蔵のいったことを聞き、昨日より阿弥陀仏を専ら念じている。只今、西方浄土に往生する」と。言い終わるやいなや、合掌し西に顔を向け、亡くなった。

（第一一話）

第一節で述べた通り、インド撰述『地蔵十輪経』では地蔵と天との関連が説かれるが、西方浄土および阿弥陀仏の名前は登場しない。西方浄土および阿弥陀仏の名前が登場しないことは中国撰述『地蔵本願経』でも同様であった。にもかかわらず『応験記』では地蔵による西方浄土への引導が説かれる。『応験記』に見られる、地蔵と西方浄土や阿弥陀仏との関係はどこから生じたのだろうか？

仏教伝来当初、中国において弥勒のいる兜率天と阿弥陀仏のいる西方浄土とは混同されていた（平川彰「浄土思想の成立」平川彰・他編『講座大乗仏教　浄土思想』一九八五年、春秋社）。やがて兜率天と西方浄土とでどちらが優れているか、という論争が起こった。善導[8]（六一三〜六八一）以降、西方浄土の方が優れているという思想が優勢となった。並行して唐代の仏教は後生善処（死後、天や西方浄土等良い所に往生すること）を望む傾向が強くなっていた。このため天信仰より優勢となった西方浄土信仰が盛んになった。前述のごとく『地蔵十輪経』には、地蔵の名前を唱える功徳が説かれている。善導以降、西方浄土に往生するには阿弥陀仏の名前を唱えれば良いという考えが普及した。「名前を唱える」という共通性から西方浄土信仰と地蔵とが結びついたと考えられる。(9) このように地蔵信仰は、もともとの経典である『地蔵十輪経』とは別の形で発展していったのである。

（二）冥途・地獄からの救済

『応験記』において、地蔵は亡くなった人が冥途（死者のさまよう世界）・地獄に堕ちる際にも救済してくれる存在でもあった。冥途から救済してくれる話が計九話ある（第三・五・八・一〇・一四・一六・一七・二二・三二話）。いずれも一旦冥途に赴くものの、地蔵の救済によって現世に生き返り、地蔵への供養を励む、もしくは仏道修行に励む話である。第五話は「破地獄偈」が話の鍵となっている。以下、第五話を引用する。傍線部が「破地獄偈」である。

長安の人、僧俊、姓は王氏である。出家して後、寺の事務を担当していた。その際、私的流用を行っていた。戒律も守っていなかった。…僧俊は一旦亡くなったが、生き返って詳しく冥途のことを説明した。…僧俊が冥途で会った僧がいった。「私は地蔵である。あなたが長安にいた時、私の像一体を模写した。…私は模写の恩に報おうと思う。あなたは華厳宗の僧である」と。一行の偈（仏・菩薩の功徳を述べた語句）を教えていった。「もし人が過去、現在、未来の、全ての仏を知ろうと思ったならば、心が諸の仏を造ることを観よ」と。…閻魔王はいった。「あなたは、現世で仏法に出会った。何か功徳を得たか」と。私は答えた。「…ただ一行四句の偈を覚えてる」

と。閻魔王はいった。「あなたは、今、唱えることができるか」と。私はいった。「できます」と。教えてもらったとおりに、破地獄偈を唱えた。その時、苦を受ける人は、私の声の及んだ範囲であれば、みな救済を得た。閻魔王はいった。「止めよ、止めよ。二度と唱えてはならない」と。
（第五話）

「破地獄偈」は『華厳経』の一節であり、これを唱えると、地獄の苦から逃れられるというものである。六〇巻本『華厳経』によるものと、八〇巻本『華厳経』によるものとがあり、字句は一定ではない（上記は六〇巻本の字句）。「破地獄偈」は『華厳経伝記』（六九〇年〈天授元〉頃成立）を初出とし、日本では、『今昔物語集』（一二世紀中頃成立）第六巻第三三話、明恵[10]（一一七三～一二三二）『華厳唯心義』（一二〇一年〈建仁元〉成立）、虎関師錬（一二七八～一三四六）『元亨釈書』（一三二二年〈元亨二〉成立）第九巻第一五話（第三章第四節（一）にて引用）等で言及され、種々の「熊野観心十界曼荼羅」（原型は一六世紀成立、第三章第四節（二）後述）に影響を与えたとされる（渡浩一「華厳経破地獄偈をめぐって」説話・伝承学会編『説話―救いとしての死』一九九四年、翰林書房）。

第八・一六話は、冥途に行ったついでに地獄を見学する話である。第一一話は、先祖が地蔵信者であったため、冥途から救済され生き返った話である（本節（四）後述）。

地獄から救済してくれる話は、計三話ある（第一二・一三・一九話）。いずれも現世には生き返らず、地獄を逃れた後、地蔵の引導によって天に往生する話である。

第一七話には、閻魔王の本来の姿を「法王」とする説が述べられている。

閻魔王が冥途に現れ、いった。「…この姿は仮の姿である。なぜ仮の姿を取っているかというと、人々に罪を償わせるためである。今は閻魔王の姿を取っているが、私の本来の姿は法王である…」と。（第一七話）

「法王」を地蔵と解釈すれば[11]、唐代の中国において閻魔王の本来の姿を地蔵とする説があったこととなる。

唐代の中国では、地蔵は死者を冥途・地獄から救済し[12]、地蔵を信じる人を天や西方浄土に引導してくれる菩薩であった。言い換えれば、地蔵は死者救済の菩薩であった。

（三）道教との関係

『応験記』には仏教と道教との優劣を説く話がある。

あるところに、一人の道教の巫女がいた。仏教を信じていなかった。病死したものの一日して蘇った。…巫女は涙を流して出家を希望した。人は皆、怪しんで出家の理由を聞いた。巫女がいった。「冥途に堕ちた際、私は悪鬼に縛られ、普段お仕えしていた神を呼んでも、神は悪鬼を見て、恐れて遠く走っていった。その時に僧がやって来た。…僧は諸の悪鬼を追い払ってくれた。…僧は私に告げていった。『あなたは道教を信じ、仏教を信じなかった愚かな女である…』と。…また、僧はいった。『私は地蔵菩薩である。…』と。…そこで私は出家を希望し、出家の暁には戒を守ろうと思う」と。（第二四話）

巫女が普段仕えていた神は冥途の悪鬼に対処できなかったが、地蔵は僧の姿で現れて、悪鬼を追い払ってくれたのである。このため、巫女は、仏教への帰依を誓うのである。ここに仏教と道教との優劣論が展開している。

（四）現世利益

地蔵によって、現世に生き返る話は延命という点で現世利益譚ともいえるが、これ以外の現世利益譚も多数ある。第一話は、善寂寺の放光菩薩像（地蔵像・観音像のセット）を模写すると、安産や船が災難を逃れるなどの現世利益を得る話である。第一話では、則天武后（六二四〜七〇五）も放光菩薩像を信仰していたとする。[13]第四話は、恨みを持った人の刃から地蔵が身代わりになる話を含む。第七話は、地蔵像を写すと病気が治る話である。第一一話は主人公の曾祖父が地蔵像を作ったため、虎の難から逃れる話である。その後、主人公は西方浄土への往生を遂げている。第一四話は、道に迷った際、地蔵を念じたところ、オウムが正しい道に導いてくれた話を含む。第一五話は、地蔵信者が恨みを持った人からの復讐から逃れ、また洪水からも逃れることができた話である。第二二話は、戯(たわむ)れに地蔵を画いたために寿命が延びた話である。第二三話は、地蔵信者が金を得、良き配偶者に恵まれる話である。第二四話は、城主が地蔵に祈ると、配下の民の病気が治る話を含む。第二五話は、地蔵に祈ると、歯が生えてきたり、持病が治る話である（主人公は複数）。第二七話は、戯れに地蔵を画いた子どもが波にさらわれるが、地蔵によって救出される話である。

なお、『応験記』における地蔵の現世利益には、限界があることを指摘しておく。第一話には以下のようにある。

> 六六六年（麟徳(ママ)三）、王記は資州（現・四川省の一部）の長官に任命された。そこで放光菩薩像を模写し、心を込めて供養した。一〇隻の船で当地に向かった。たちまち悪風に遇い、船首が上がってしまった。九隻の船は沈没したが、王記の乗っている船はそのようなことはなく、平穏であった。地蔵菩薩の慈悲は広大であり、その力によって王記を救ってくれたのである。（第一話）

地蔵の慈悲が無限であるのであれば、残りの船も救済して良さそうであるが、この話ではそうはならない。地蔵は自身を信じた人の乗っている船しか救済しないのである（地蔵のこの特徴が日本において勝軍地蔵信仰を生むこととなる。第三章第五節後述）。

また、先祖との関連によって現世利益を得る話があることも指摘しておく。

法尚は虎におそわれたが、僧のような姿をとる者が来て、猛虎を追っ払ってくれた。法尚は問う、「あなたは誰ですか」と。その者は答えた。「私は地蔵菩薩である。あなたは、草叢の中において朽ちたる木を見たが、それはわが身であった。昔、あなたの曾祖父がその地において寺を創建し、私の像を作った。寺は壊れ、私の像も朽ちてしまった。ただ、木の芯のみある。あなたは創建者の子孫であるので、私の光明を見ることができた。ゆえに今、私はあなたを救ったのである」と。

（第一一話）

第一一話の主人公は、曾祖父が地蔵像を作ったことによって、虎の害より逃れることができたのである。第二一話は、先祖が地蔵信者であったため、冥途から救済され生き返る話である。

閻魔王はいった。「…この人は実に悪人であるが、先祖が仏教を奉り地蔵尊に帰依していた。そうした者の子孫であるゆえ、地蔵がやって来て、冥途の火車苦から救ったのである」と。

（第二一話）

この頃の中国では、本人が仏事を行わなくとも、先祖が仏事を行っていれば救われるという観念があったことがうかがえる。このような先祖との関連は経典にはなく、中国的要素と考えられる。

（五）生きている人間の姿で現れる

『応験記』において、地蔵は現世・冥途等を問わず、生きている人間の姿で現れ、人々を救済する。特に現世にも生きている人間の姿で現れることが特徴である。例えば第二九話では、生きている人間の姿で現れた地蔵の名前（「智祐」）が判明している。

僧智祐は西インドの人である。九三六～九四四年（天福年間）に、この土にやってきた。…二年の後、智祐および地蔵像の所在がわからなくなった。人はみな、インドに帰ったと思った。ある人はいった、「智祐は地蔵の化身である」と。（第二九話）

また、地蔵が「幼い僧」の姿で現れる話が計四話ある（第六・一二・一四・二五話）。第一五話において地蔵は姿こそ現さないが、主人公に近づく際、「小さい音がした。子どもの足音のようだ」と描写される。

（六）その他

第一一話は、二月二四日に地蔵の引導により、西方浄土へ往生する話である。第一三話には、地獄において月の二四日にのみ地蔵が食べ物を施してくれるという記述がある。第一九話には、天において月の二四日は地蔵が説法するという記述がある。第二三話は、一二月二四日に蟻が小金を運んできてくれた話を含む。第二六話は、一二月二四日に地蔵の引導により西方浄土へ往生する話である。「二四日」というのは地蔵の縁日である。『応験記』原文には縁日という言葉はないが、唐代の中国において、地蔵と二四日とを関連づける観念があったと推定される。

第三〇話は、いわゆる阿弥陀五尊像を作った話である。

僧道真は、密教を中心に修行していた。いつも冥途にいる諸官を供養し、現世利益を願う儀式を行っていた。九六〇～九六三年(建隆年間)、誓いを立て、阿弥陀・観音・勢至・地蔵・龍樹等の像を作った。

(第三〇話)

阿弥陀五尊とは、阿弥陀仏とその他四尊を加えた仏の組み合わせである。その組み合わせはいくつかあり、その一つに阿弥陀三尊に僧形の地蔵・龍樹を加えたものがある。「龍樹」とは、空の思想を説いたナーガールジュナ(一五〇～二五〇頃)である。ナーガールジュナは浄土思想も説き、日本の浄土真宗では七祖(インド・中国・日本の高僧七人)の一人とされるほど、浄土教では崇拝された人物である。このため、阿弥陀五尊に加えられたと考えられる。

阿弥陀五尊像は、経典に典拠がないにもかかわらず、日本の寺院でも時折見ることができる形式である。[14]『応験記』に記述があるため、中国でも信仰されていたことがわかる。

まとめ

『応験記』を見ると、唐代の中国において、地蔵は死者を冥途・地獄から救い、また、地蔵を信ずる人を天や西方浄土に引導する菩薩であった。言い換えれば死者救済の菩薩であった。また、信じている人に現世利益を施す菩薩であった。おおよそ地蔵の特徴は、『地蔵十輪経』にもとづいているが、西方浄土や阿弥陀仏との関連等、経典にない要素もあった。また、先祖との関連によって救済されるといった、中国的と思われる要素もあった。唱導僧は、経典にあった地蔵の特徴に、中国的要素を加えて、地蔵信仰を布教していたと考えられる。

本章で言及した特徴は、日本の地蔵信仰にも見られ（第二章第二節後述）、中国の地蔵信仰が日本へ影響を与えたことがわかる。しかし、『応験記』は『今昔物語集』の地蔵説話に引用されていない。ただし、『応験記』の一部の説話は、日本で作られた東京国立博物館蔵『地蔵菩薩霊験記絵』（鎌倉時代成立）・同蔵『地蔵仏感応縁起』（鎌倉時代成立）等において絵画化されている。また、天台僧舜海（生没年不詳）『延命地蔵経聞書』（一五四〇年〈天正九〉書写）は『応験記』から計八話を引用している（第三章第三節（二）後述）。以上のことから『応験記』は、日本の地蔵信仰に多大な影響を与えていることがわかる。

註

（1）後世、三蔵法師と呼ばれるようになった僧である。玄奘によって多くのサンスクリット語経典がインドから中国にもたらされた。また、玄奘を中心に改めてサンスクリット語から中国語への翻訳が行われた。このため、旧来の漢訳経典が見直されることとなった。仏教学では、玄奘以前の訳を旧訳（くやく）、玄奘以後の訳を新訳と呼んでいる。

（2）「旧訳」という言葉については註（1）参照。

（3）この場合の「天」は、六道（死後輪廻する者が生まれ変わる六つの迷いの世界）の一つである。地獄とは大きく異なり、現世で仏事を行った者が往生する場所である。例えば兜率天に往生するのであれば、当地において弥勒の説法を聞くことができる。合わせて註（7）も参照。

（4）末法とは、釈迦（生没年不詳）が亡くなった後の正法（悟ることができる時期）・像法（悟ることはできないが修行法が維持されている時期）に続く時期であり、悟ることができないことは無論のこと、修行法も忘れ去られ、仏の教えのみが残る時期のことである。日本では一〇五二年（永承七）以降とされるが、中国では様々な時期が設定されている。本文で述べたとおり、中国では六世紀後半から末法に入るという説もあった。

（5）唱導僧とは民衆に布教する僧のことである。中国では「化俗法師」、日本では「聖（ひじり）」と呼ばれる。『日葡辞書』（一六〇三年〈慶長八〉刊）で「Fijiri」を引くと、「①例　高野聖。一種の籠、すなわち背負い籠のような物を背負って遍歴する坊主。②ある位をもっている重立った坊主。③普通一般の坊主を言う」（邦訳版二三一頁）とある。本書では①の意の僧を唱導僧と呼ぶ。『日葡辞書』とはポルトガル人宣教師が、布教のために作った辞書である。誤りがないわけではないが、当時の口語を記録している点等、貴重な記録である。

（6）ただし、引用にあたって異本『地蔵菩薩像霊験記』（『大日本続蔵経』一九一二年版、第二編乙第二二套第二冊所収）との校訂を行い、時に『地蔵菩薩像霊験記』により修正した。

（7）『弥勒下生経』にある教えで、兜率天において弥勒は三回説法する、とされている。最初の説法では、九六億の人々が発心し、二回目の説法では、九四億の人々が発心し、三回目の説法では、九二億の人々が発心するとされている。したがって兜率天に往生することは仏教では良いこととされる。
（8）善導は道綽の弟子である。思想家であると同時に、民衆に布教を行っていた唱導僧でもある。また、日本の浄土教に多大な影響を与えている。例えば、浄土宗の開祖である、法然（一一三三～一二一二、第三章第一節（二）後述）は「偏依善導（ひたすらに善導の教えに従う）」と述べている。
（9）敦煌出土『仏説地蔵菩薩経』には、「地蔵像を作り、地蔵の名前を唱えれば、西方浄土に往生できる」（『大正新脩大蔵経』第八五巻一四四五頁中～下段）とある。『仏説地蔵菩薩経』は内容から中国撰述であると考えられている（川崎ミチコ「敦煌本『仏説地蔵菩薩経』管見」『東洋学研究』第四〇号、二〇〇三年）。
（10）明恵は日本華厳宗中興の祖とされる。自身の見た夢を記録した『明恵上人夢記』でも有名である。
（11）小西瑛子「地蔵菩薩霊験記について」（『元興寺仏教民俗資料研究所年報』第五号、一九七二年）の解釈による。
（12）本書で「死者救済」といった場合、①一旦亡くなった人が生き返る場合と、②死者が天や西方浄土に往生し、現世に祟らなくなる場合の二種類がある。
（13）則天武后が放光菩薩像を信仰していたことは、他史料に裏付けはない。ただし、則天武后は仏教を信仰していたので、ありえないことではない。
（14）地蔵・龍樹を含む阿弥陀五尊の形式を日本に移入したのは良源（九一二～九八五）とされる。良源は源信（九四二～一〇一七）の師であり、比叡山中興の祖とされる僧である（第二章第二節（一）後述）。

第二章　日本への伝播と普及

第一節　日本への伝播

日本へ仏教が伝播したのは六世紀頃であるが、地蔵信仰の伝播はこれよりかなり遅れる。この一因として、この頃、仏教伝来の一経路である朝鮮半島で地蔵信仰が未発達であったことがあげられる。東大寺の正倉院文書のなかには、「地蔵経」の名前があり、天平年間（七二九～七四九）には地蔵経典が伝来していたことが確認される。しかし、この時期、地蔵像はほとんど作られていない。このことから奈良時代（七一〇～七九四）には地蔵信仰が未発達であったといえる。

景戒（生没年不詳）『日本霊異記』（九世紀前半成立、全一一六話）には、一話だけではあるが、地蔵説話がある。話のなかで地蔵と閻魔王とを一体とする説が述べられている。

私は閻魔王である。あなたの国では地蔵菩薩といわれている。

（下巻第九話、日本古典文学大系版、三四三頁）

「一話しかない」と解釈するか、「当時、多くの地蔵説話があったが、たまたま一話しか収められなかった」と解釈するか、判断の分かれるところである。同時代に地蔵像がほとんど作られなかったことを考慮すると、当時数多くの地蔵説話があったとは考えにくい。すなわち、この話の存在をもってのみ、地蔵信仰が盛んであったとは言い難い。

また、同話に述べられる地蔵と閻魔王とを一体とする説であるが、第一章第三節（二）前述のとおり、唐代の地蔵信仰を記した『応験記』には閻魔王の本来の姿を地蔵とする説が述べられていると解釈できる話があった（第一七話）。『日本霊異記』は偶然、唐にあった閻魔と地蔵とを一体とする説を記録していたと解釈される。

第二節　地蔵信仰の普及

日本に地蔵信仰が普及したのは平安時代後期（一一世紀頃）である。文献としては、『今昔物語集』（一二世紀中頃成立、以下『今昔』と略）第一七巻にまとまって地蔵説話が収められている。また、清少納言（九六六？〜一〇二五？）『枕草子』（一〇〇一年〈長保三〉頃成立）では地蔵を譬えに使っている（本節（四）後述）。貴族社会限定であるが、一一世紀になると、安産を目的として放光菩薩像供養が行われるようになる（小林太市郎「唐代の救苦観音―放光菩薩の起源について」『研究』第六号、一九五五年）。放光菩薩像とは地蔵像・観音像のセットである（第一章第三節（四）前述）。美術史の見地から見ると、平安時代において地蔵像が各地で作られるようになっている（「重要文化財指定地蔵目録」『仏教芸術』第九七号、一九七四年）。

無論、『今昔』第一七巻の地蔵説話は史実と言い切れない。『今昔』の成立事情については不明な点も多い。『今昔』の各説話には典拠があるとされ、多くの説話は唱導用の史料を典拠とする（中野猛「今昔物語の唱導性について」『平安文学研究』第二六号、一九六一年。片寄正義『今昔物語集の研究』上巻・下巻、一九七四年、藝林舎。同『今昔物語集論』一九七四年、藝林舎）。唱導用の史料を出典とする説話であれば、誇張された記述も多々あると想定される。以上を踏まえ、本章では『今昔』第一七巻を他史料と合わせて分析することで、平安時代の地蔵信仰の実態を考えてゆく。

（一）西方浄土への引導

『今昔』地蔵説話を見ると、主人公が西方浄土へ往生している話が計九話ある（第一・二・一〇・一六・一七・二二・二三・二九・三二話）。以下、第一〇話を引用する。

今は昔、京に祇陀林寺（ぎだりんじ）[1]という寺があった。その寺に仁康（にんこう）という僧がいた。仁康は比叡山横川（よかわ）（現・滋賀県大津市坂本本町）の高僧、良源の弟子である。…仁康は、夢の中で地蔵の化身である小僧に会い、会話をした。夢から覚めた後、地蔵講[2]を始めた。これが地蔵講の始まりである。…仁康は八〇歳となり、命が終わる時、心乱れることなく、西に向かって威儀正しく坐り、阿弥陀仏並びに地蔵菩薩の名前を唱えて、眠るがごとく、亡くなった。
（第一〇話、新編日本古典文学全集版第二巻、三一六～三一八頁）

主人公、仁康は地蔵を信仰することを発端に、西方浄土へ往生している。仁康は生没年不詳ではあるが、『百練抄』[3]（一三世紀末成立）、卍元師蛮（一六二六～一七一〇）『本朝高僧伝』（一七〇二年〈元禄一五〉成立）等に記述があるため、実在の人物と考えられている。『今昔』地蔵説話は、すべて史実というわけではないが、史実とまったく異なる事柄を唱導しても説得力はないため、何らかの史実を反映していると考えられる。この話では仁康が地蔵講を始めたとする。この話は地蔵講の記録としてかなり古い事例であり、『日本国語大辞典　第二版』（二〇〇〇～二〇〇二年、小学館）はもっとも古い事例とする。

『今昔』地蔵説話において、地蔵と天とを結びつける話はない。第一章第一節で確認したように、インド撰述『地蔵十輪経』において地蔵は人々を天に引導する菩薩とされていた。『今昔』地蔵説話に先行する中国宋代成立『応験記』では、地蔵が天へ引導する話がある一方、西方浄土へ引導する話もあった（第一章第三節（一）前述）。『今昔』地蔵説話において地蔵が西方浄土と結びつけられているることは、中国からの影響をまずは考慮すべきであろう。しかしながら、地蔵が天へ引導する話がないのは何故なのであろうか？

『今昔』地蔵説話を見てみると、『法華経』書写の必要性を説く話が計五話ある（第一九・二一・二七・二一・二二話、本節（二）後述）。『法華経』書写の必要性を説く地蔵説話は、『法華経』を重視する天台宗系の唱導を記録した可能性が浮上する。第九話は、比叡山横川（よかわ）の僧を主人公とする。横川は、浄土教の発展に寄与した源信（九四二～一〇一七）が隠遁した場所であり、浄土教の僧が集まった場所である（井上光貞『日本浄土教成立史の研究　新訂版』一九七五年、山川出版社）。さきに引用したとおり、第一〇話も、比叡山中興の祖、良源（九一二～九八五）の弟子を主人公とする。良源は横川を活動拠点としている。

その他、『今昔』第一七巻の地蔵説話には、六波羅蜜寺（現・京都府京都市東山区）に関連する話が計三話ある（第一五・二一・二八話）。六波羅蜜寺は、空也（九〇三～九七二）によって創建された西光寺をもととしており、空也没後に天台宗の寺となっている（現在は真言宗）。六波羅蜜寺は、平安時代において、天台浄土教と関係が深かったと考えられている（名畑崇「天台宗と浄土教」藤島達朗・宮崎円遵編『日本浄土教史の研究』一九六九年、平楽寺書店）。第二三話に登場する僧寂照（俗名　大江定基、九六二？～一〇三四）は源信に師事している。

以上を踏まえ、『今昔』地蔵説話は、天台宗のなかでも、比叡山横川を基盤とする天台浄土教系の唱導用史料を集めたものと解釈される（高橋貢「地蔵菩薩霊験記（今昔物語巻十七を含む）成立の一背景」『中古説話文学研究序説』一九七四年、桜楓社）。天台浄土教系の史料をもととしているゆえに地蔵と西方浄土との関連が説かれ、地蔵と天との関連は説かれなかったと考えられる。

なお、天台浄土教が地蔵を活用した要因として、地蔵がもともと苦しみに満ちた世界（五濁悪世）

の人々を救うという特徴を有していた（第一章第一節前述）ことが挙げられる。第一〇話は、天台浄土教の高僧良源の弟子である仁康を主人公とする話であったが、同話でも地蔵は苦しみに満ちた世界の人々を救う存在とされていた。

速やかに地蔵像を作り、像の前で供養を行いなさい。そうすれば苦しみに満ちた世界において迷っている人々は救われる。また地蔵は地獄・餓鬼・畜生において苦しんでいる人々を助けてくれるだろう。

（第一〇話、前同、三一七頁）

第一六話は僧が西方浄土に往生する話だが、地蔵は末法[4]の人々を救う存在とされている。

そうであれば、末法の人々はもっぱら地蔵菩薩に仕えるべきである、と語り伝えられた。

（第一六話、前同、三二八頁）

（二）冥途・地獄からの救済

『今昔』地蔵説話では、冥途（死者のさまよう世界）・地獄からの救済も説かれる。主人公が冥途から救済され、現世に生き返る話は、計一一話ある（第一七・一八・二〇・二一・二二・二三・二四・二五・二六・二八・二九話）。死者が地獄より救済され、浄土等に引導される話は計二話ある（第二七・

三一話）。厳密にいうと、第二七話は、立山（現・富山県中新川郡）の地獄より救済された後に関しては言及がない。[5]第三一話において、引導される場所は「浄土」とのみ記されるのみで、西方浄土に限定されない。ただし、『今昔』等の筋が似ている話から西方浄土と解釈することは可能である。

地蔵が冥途・地獄から救済する話が多数あることから、この頃すでに地蔵が死者救済の菩薩として認識されていたことがわかる。冥途からの救済に関していうと、地蔵は冥途に現れ主人公を救済するが、その際、閻魔王は地蔵が化身した姿であるとは説かれない。『今昔』地蔵説話には地蔵と閻魔王を一体とする説は見られないのである。先行する『日本霊異記』には一話とはいえ、地蔵と閻魔王とを一体とする説があった（本章第一節前述）。『今昔』地蔵説話にないからといって、地蔵と閻魔王とを一体とする説が、平安時代に皆無であったと言い切れるわけではないが、この説が日本で定着するのは、『地蔵十王経』が鎌倉時代に成立し、地獄の十王に本地仏（本来の姿である仏）が設定される以降である（第三章第一節（四）後述）。

地獄からの救済に関し補足すると、第二七・三一話において、主人公は地蔵に対して生前わずかな供養を行うのみであったため、地獄に堕ち、一日三回だけ地蔵に地獄苦を代わってもらうこととなる。このため、遺族は現世で『法華経』書写ならびに地蔵像を作り、主人公は地獄苦から逃れることになるのである。まずは第二七話を引用する。

影のようなものは僧にいった。「…私は寿命が尽きたため、若くして亡くなり、立山地獄に堕ちた。私は現世において、祇陀林寺の地蔵講に参加したことが一、二回あるのみで、このほかに仏事は行っていない。今、地蔵菩薩がこの地獄に来てくれて、一日三回、私の苦を代わってくれる。…あなたは、私の実家に赴き、父母兄弟にこの事を告げて、私のために供養を行うようお話しください。そうすれば、私の苦しみは消えます。…」と。…この話を僧より聞いた父母兄弟は、高さ三尺（約一メートル弱）の地蔵像を作り、『法華経』を三部書写し、供養を行った。

（第二七話、前同、三五七～三五八頁）

舞台の一つである、祇陀林寺は比叡山横川の僧である仁康がいた寺であり（第一〇話、本節（一）にて既に引用）、平安時代には天台宗であった。

続いて第三一話を引用する。

僧祥蓮は尼である妻にいった。「私は生きている時、恥知らずにも戒を守らなかった。多くの人より布施を受けても、それに報いることはしなかった。この罪によって、地獄に堕ちた。しかしながら、生きている間、ときどき地蔵菩薩を供養することがあったゆえ、一日三回、地蔵が来て、私の代わりに苦を受けてくれるのである。このこと以外に地獄の苦しみから逃れる方法はない」と。…妻は、この話を仏師に語り、高さ三尺の地蔵像一体を作ってもらった。また妻は、『法華経』を一部書写した。…妻の夢に、亡くなった祥蓮が姿麗しく、喜んでいる顔をし、色あざやかな服を着て現れた。祥蓮は妻にいった。「あなたが行った仏事によって、私は罪を逃れることができた。『法華経』および地蔵菩薩の助けを受け、たった今、浄土に着いた」と。そこで妻は夢が覚めた。

（第三一話、前同、三六七〜三六八頁）

すなわち両話とも、追善供養（死者を救済するため生者が仏事を行うこと）を行う必要が説かれた話である。『法華経』書写の功徳が殊更に説かれているので、天台宗系の唱導僧が説いたと想定される。さきに『今昔』地蔵説話は比叡山横川を基盤とする天台浄土教系の唱導用史料を集めたものという説を述べたが、このことも論拠としている。

『今昔』地蔵説話における地蔵信仰の特徴を提示したい。それは地蔵の救済能力が限定的に捉えられていることである。第二七話および第三一話の主人公は、生前わずかながらも地蔵に対して供養を行っている。地蔵の慈悲が無限であるならば、それだけで地獄から救済してくれてもよさそうだが、そうではない。わずかな供養であれば、地獄から救済されるためには加えて追善供養が必要となっている。そしてわずかな供養のみでは、地蔵による救済は一日三回限定とされている。以上の特徴は、インド撰述『地蔵十輪経』・中国撰述『地蔵本願経』には述べられていない。比叡山横川を基盤とする天台浄土教の唱導僧は、地蔵経典を離れて、救済能力が限定された存在として地蔵を位置づけ、地蔵の救済能力の補完として『法華経』書写の功徳を説いたのである。

（三）現世利益

一旦亡くなった主人公が地蔵によって救済され現世に戻ってくる話も延命という現世利益といえるが、本項ではこれ以外の現世利益について論ずる。『応験記』同様、『今昔』地蔵説話でも地蔵が主人公に現世利益を授ける話がある。

まず着目したいのは、第一三話である。鉱山労働に従事していた主人公は、仲間と共に落盤事故に遭う。地蔵と覚しき小僧の導きにより、主人公は生還するが、仲間は置き去りである。

今は昔、伊勢国飯高郡（現・三重県松阪市）に男が住んでいた。地蔵の縁日である毎月の二四日には、精進して戒を守り、地蔵を念じた。以上の仏事を長年行った。その頃、飯高郡では水銀を掘り、朝廷に献上することを慣わしとしていた。男は郡司に指名され、同じ村の二人と水銀を掘る場所に行った。…落盤事故に会い、暗闇に閉じ込められてしまった。…一〇余歳ばかりの姿麗しい小僧が、手に紙燭を持って近づいて来て男にいった。「私の後についてきてください」と。…男は、自分の家の門に着いた。「仲間二人もついてきているだろう」と思って振り返っても姿がない。…地蔵の加護は信心の無い人には及ばないのである。

（第一三話、前同、三二一～三二二頁）

この話の地蔵は、信じた人しか救済してくれないのである。ただし、第一章第三節（四）前述の通り、同様の話は『応験記』にもあった（第一話内の船遭難の話）。同様のことは『今昔』第一七巻第三話にもいえる。第三話は、戦闘中に矢が足りなくなった主人公に、地蔵と覚しき小僧が矢を補給してくれ、結果、勝利する話である。なぜ、戦場に現れた小僧が地蔵とわかったかといえば、戦いが終わった後、氏寺に詣でたところ、祀っていた地蔵像の背中に矢が刺さっていたからである。

戦う間に、所持している矢はすべて射尽くしてしまった。…突然、戦場に一人の小僧が現れ、矢を拾って、平諸道の父に与えた。…平諸道の父は、戦いに勝った事を喜び、家に帰った。…その後、諸道の父が氏寺に詣でたところ、地蔵像の背には矢が一筋立っていた。

（第三話、前同、三〇〇〜三〇一頁）

戦闘中の一方にのみ矢を補給する行為は現代でも殺人幇助であり、当時でも仏教の殺生戒に違反する行為であろう。しかしながら第三話の終わりには、以下のようにある。

この話を鑑みると、真に貴く、素晴らしい事である。

（前同、三〇二頁）

この話を起点に、佐藤弘夫は、信じている人しか救済しない「〈日本の仏〉の誕生」を論じている（『アマテラスの変貌』二〇〇〇年、法藏館）。卓見ではあるが、本項前述の通り、地蔵が信じている人しか救済しないという説話は『応験記』にもあった。ゆえに日本独特の事柄ではない。ただし、『応験記』にはここまで露骨に一方に加担する地蔵説話は見あたらない。

第三話において、なぜ地蔵が主人公を救済してくれたかというと、主人公の先祖が寺を建立したからだと解釈できる。

今は昔、近江国依智郡賀野村（現・滋賀県愛知郡愛荘町）に古い寺[6]が一つあった。その寺に地蔵像がある。その寺は、検非違左衛門の尉である平諸道の先祖の氏寺である。（前同、三〇〇頁）

『応験記』と異なり、先祖との関連ゆえに地蔵が救済してくれたとは明示されていない。しかし、主人公が普段より地蔵を信仰していたとも述べられていないので、やはり、先祖との関連によって救済されたと解釈される。

（四）生きている人間（小僧）の姿で現れる

『応験記』同様、『今昔』地蔵説話でも、地蔵は生きている人間の姿で現世や冥途・地獄に現れ、人々を救済する。「牛飼い童」で現れる第一話以外は、「小僧」の姿を取り、多くの話で姿麗しい小僧の姿を取る。その数、全三二話のうち、計二〇話を占める（第五・七・九・一〇・一二・一三・一四・一五・一七・一九・二〇・二一・二二・二三・二四・二五・二六・二八・二九・三二話）。年齢の記述があるものはいずれも一〇代である（第四・一一・一二・一三話）。第一話の牛飼い童も一五、六歳である。『枕草子』第二七八段では、一五歳の僧を「地蔵のようにて」と形容している。『今昔』地蔵説話では、地蔵像の高さが三尺（約一メートル弱）以下である話が計三話ある（第五・二七・三一話）。また、この時代に作られた地蔵像は、高さ約一メートル（もしくは一メートル未満）のものが少なくない。平安時代の成人男性の平均身長は一・六メートルとされる（片山一道『骨が語る日本人の歴史』二〇一五年、筑摩書房）。地蔵が姿麗しい小僧の姿を取って現れるという観念は、ある程度一般化していたと考えられる。[7][8]

地蔵が特化して子どもの姿を取るとは『地蔵十輪経』・『地蔵本願経』には述べられていない。先行する『応験記』では、地蔵が「幼い僧」の姿で現れる話が計四話あった（第一章第三節（五）前述）。地蔵が子どもの姿を取ることについて、まずは中国の地蔵信仰からの影響を想定すべきである。ただし、『応験記』と異なり、『今昔』地蔵説話では「姿麗しい小僧」という描写がほぼ固定化しており、日本にもともとあったとされる童子信仰と習合している可能性は残る。[9][10]

（五）神道との関係

第一章第三節（三）で前述した通り『応験記』には、仏教と道教との優劣関係を示す話（第二四話）があった。『今昔』地蔵説話にも、仏教と神道との対立関係を示す話がある。第一一話は、神主が道で僧に会っても礼拝をしなかったことを地蔵が諭す話である。

今は昔、駿河国の富士宮に和気光時という神主がいた。…光時は神主であるゆえ、道で僧に出会っても下馬することはなかった。このことは古くから富士宮の習わしであった。…光時の夢に、姿麗しい小僧が出てきて、光時にいった。「今日、道にてあなたと出会ったのは私、地蔵である。あなたは私を信じているが、他の僧に会っても下馬しない。…今後、僧に会った場合、必ず下馬するように」と。光時は夢から覚めた。その後、光時は涙を流して過ちを悔いた。その後、身分の高下にかかわらず、僧がやってきた際には、光時は遠くから下馬し礼拝するようになった。

（第一一話、前同、三一八～三一九頁）

第二三話は、神主が一旦冥途に堕ちるも、地蔵により救済され、現世に生き返る話である。

今は昔、周防国の一の宮に玉祖（たまおや）の大明神という神がいた。その社の宮司に玉祖惟高という者がいた。…九九八年（長徳四）四月頃、惟高は病気となった。六、七日を経てにわかに亡くなった。惟高はたちまち、冥途に赴いた。…小僧はいった。「私たちは六地蔵である。六道（とくどう）（死後輪廻する者が生まれ変わる六つの迷いの世界）にいる生き物のために、六種の姿を現すのである。…あなたは一刻も早く現世に帰って六地蔵像を作り、心を込めて敬え。私たちは南方にいる」[11]と。このような体験をしたと思っている間に惟高は生き返った。すでに死後三日三晩が経過していた。

（第二三話、前同、三四五〜三四六頁）

一般に仏教は伝来以来、神道とさほど軋轢なく習合していったとされるが、以上の二話を見ると、現場では必ずしもそうではないことがわかる。この点も前述した通り、中国と同様といえる。

まとめ

本章では、『今昔』地蔵説話から平安時代後期の地蔵信仰を考察した。『今昔』地蔵説話を見ると荒唐無稽な話も多い。しかし、地蔵説話に見られる地蔵信仰は、当時の文献や仏像等美術遺品から裏付けられる面もあり、すべてが史実ではないにせよ、当時の地蔵信仰を描写したものと想定される。『今昔』地蔵説話は、冥途・地獄から救済される話、先祖との関連によって救済される話、神道との軋轢を示す話、小僧の姿での登場等、基本的には『応験記』の継承であった。しかしながら、天へ引導する話が見られない、『法華経』との兼修等、『今昔』独特の事柄もあった。

註

（1）祇陀林寺は、平安時代、現・京都府京都市上京区にあったとされる天台宗寺院である。鎌倉時代後期に時宗となり、金蓮寺と改称、江戸時代から大正時代までは現・京都府京都市中京区中之町にあった。金蓮寺は現在、京都府京都市北区鷹峯にある。

（2）地蔵講とは地蔵菩薩の功徳を称える仏事である。当時、多くの人が集まった。現代、日本各地で行われる地蔵祭・地蔵盆の源流とされる。

（3）『百練抄』（一三世紀末成立）の著者は不詳であるが、鎌倉時代後期の公家と考えられている。平安時代中期から鎌倉時代中期の京都の歴史を記している。

（4）末法に関しては第一章註（4）参照。

（5）この話と類似した『今昔』第一四巻第七・八話では、天の一つである忉利天に往生したとする。この場合の「天」については第一章註（3）参照。

（6）この「古い寺」は『江州安孫子庄内金台寺矢取地蔵縁起』（一四五三年〈享徳二〉成立）から、現・滋賀県愛知郡愛荘町岩倉にあった金台寺と想定される（第三章第五節後述）。金台寺は後に仏心寺と改称、現在、臨済宗寺院として同地にある。

（7）テキストによっては段数が異なることがある。本書は日本古典文学大系版によっている。

（8）『仏教芸術』第九七号（一九七四年）に掲載する「重要文化財指定地蔵目録」には平安時代に作られた地蔵像がおおよそ網羅されている。これを高さ一二〇センチを超える地蔵像と一二〇センチ未満の地蔵像とに分類すると、おおよそ半々の数となる。

（9）厳密にいうと、『地蔵十輪経』において、地蔵は四二の変化身を取るとされ、その一つに「童男」があげられている（『国訳一切経』大集部第五巻、三四頁）。

（10）　日本中世において、童子は神秘的な存在とされており、神仏は時に童子の姿で現世に現れた（黒田日出男『［絵巻］子どもの登場』一九八九年、河出書房新社）。「日本にもともとあったとされる童子信仰」とは、童子を神秘的な存在と見なす観念は古代にまで遡ることができるという仮説である。阿部恵久子「地蔵と子安神信仰」（『日本民俗学会報』第一六号、一九六一年）。和歌森太郎「地蔵信仰について」（桜井徳太郎編『地蔵信仰』一九八三年、雄山閣出版）。小倉泰「お地蔵さんと子ども」（『比較文学研究』第四八号、一九八五年）。渡浩一『お地蔵さんの世界』（二〇一一年、慶友社）。

（11）　南方は『地蔵十輪経』において地蔵がいるとされる方角である（第一章第一節前述）。

第三章　中世の地蔵信仰——中世仏教との関連を中心に

これまで見てきたとおり、平安時代の地蔵信仰は、浄土信仰と関連づけられていた。中世になると、阿弥陀仏を主尊とする浄土宗が勃興し、さらに浄土宗から親鸞一派（後の浄土真宗）が分派する。これ以外にも曹洞宗・法華宗（後の日蓮宗）といった新たな宗派も誕生する。いわゆる、鎌倉新仏教の発生である。このことによって、地蔵信仰は変化したのだろうか。変化したとすればどんな変化なのであろうか。

本章は、日本仏教史の一大転機といわれる鎌倉新仏教各宗派の発生・普及が、地蔵信仰にどのような影響を与えたかという問題を考察し、そのうえで新仏教以外の宗派における地蔵信仰の分析や宗派にかかわらない史料の分析から、中世の地蔵信仰の全体像を考察する。

第一節　浄土宗（浄土真宗・時宗を含む）

（一）浄土宗と地蔵との関わり

筆者が以上の問題意識をもったのは、中世の浄土宗は地蔵を誹謗していたという説があるからである（速水侑『地蔵信仰』一九七五年、塙書房）。その根拠の一つとなったのは、無住[1]（一二二六〜一三一二）『沙石集』（一二八三年〈弘安六〉成立）第一巻第一〇話の一節である。

浄土宗が盛んに広まっていた時、浄土宗の人々は「阿弥陀仏以外の仏および浄土三部経[2]以外の経典は、すべて無駄な物である」といっていた。ある人は『法華経』を川に流し、ある人は地蔵像の頭部を蓼（たで）すりに使った。ある里では、隣の家の事を下女に語る話として、「隣の家の地蔵像は、すでに目元まですり潰した」といっていた。（日本古典文学大系版、八六〜八七頁）

地蔵像が目元まですり潰されるという凄まじい事が述べられており、浄土宗信者による他宗派誹謗および地蔵誹謗が行われていたことを示している。地蔵像をすり潰す事象は他史料では確認されない。しかし、浄土宗を開いた法然（一一三三〜一二一二）の門弟が阿弥陀仏以外の仏・菩薩を誹謗していたことは法然『七箇条制誡』でも言及され（本節（二）後述）、他史料でも確認される。例えば日蓮（一二二二〜一二八二）『聖愚問答鈔』（成立年代不明）には以下のようにある。

浄土宗では、念仏者が唱えるべき仏・菩薩の名前と、唱えてはならない仏・菩薩の名前とを区別している。念仏者が唱えるのは阿弥陀三尊（阿弥陀仏・観音・勢至）の名前に限られ、釈迦、大日、薬師等の仏の名前や、地蔵・普賢・文殊師利等の菩薩の名前、日・月・星等の神の名前、ならびに三島・熊野・羽黒・天照大神および八幡大菩薩等の名前は唱えることは禁止されている。もしこれらの名を一回でも唱えるならば、たとえ阿弥陀仏の名前を十万回、百万回唱えても、諸仏諸神の名前を唱えた咎（とが）で、地獄に堕ちてしまい、西方浄土に往生することはできないと浄土宗ではいっているのである。

（『昭和新修日蓮聖人遺文全集』上巻、五七三頁）

法然思想の要諦は専修念仏にある。言い換えれば、阿弥陀仏の名前を唱えれば十分であるという思想である。法然は地蔵という阿弥陀仏以外の菩薩をどう位置づけていたのか？　そして門弟は法然の地蔵観をどう継承していったのか？　本節はこれらの問題を考えていく。

なお、法然の弟子である親鸞（一一七三〜一二六二）およびその一派（後の浄土真宗）や、法然の弟子筋に位置づけられる一遍（一二三九〜一二八九）を開祖とする時宗も合わせて論ずる。

（二）法然の思想と地蔵

法然の著作を見ると、地蔵の名前は二ヵ所に見られ、いずれも地蔵を阿弥陀仏の功徳（本体に含まれる性質）に含まれる存在としている。まずは法然『三部経大意』（成立年代不明）を引用する。

観音・勢至・普賢・地蔵・龍樹は無論のこと、西方浄土にいる菩薩・声聞（僧侶）等の備えている事理の観行（現象と本体とを理解する力）、定慧の功力（禅定・智恵の功徳による力）、内証の実智（真実を捉える内面の智）、外用の功徳（外に現す功徳）等、全て阿弥陀の三字の中に収まっている。

（日本思想大系『法然　一遍』、三三頁）

次に法然『逆修説法』（一一九四年〈建久五〉頃成立）を引用する。

普賢・文殊・観音・勢至・地蔵等は、みな菩薩である。これらの諸菩薩も、阿弥陀仏の白毫（眉間にある白い毛）からの光から現れたものである。

（『昭和新修法然上人全集』、二五七頁）

これでは、法然の地蔵観は明確ではないので、阿弥陀仏以外の仏・菩薩の位置づけを見てみたい。
前述したとおり、法然思想の要諦は、専修念仏にあるが、阿弥陀仏以外の仏・菩薩への行（ぎょう）を禁止しているわけでもない。例えば、法然の主著である『選択本願念仏集』（一一九八年〈建久九〉成立）の要約部分とされる、「略選択」では以下のようにある。

早く成仏し（悟り）、六道（死後輪廻する者が生まれ変わる六つの迷いの世界）を巡ることから逃れたいと思えば、しばらく天台宗や真言宗等の自力の行を差し置いて、浄土の行を選びなさい。浄土の行を行おうと思えば、しばらく様々な行を捨て、正しい行を行いなさい。正しい行を行おうと思えば、助けとなる行を傍らにおいて、正しく選定された行を行いなさい。正しく選定された行とは、阿弥陀仏の名前を唱えることである。阿弥陀仏の名前を唱えれば、必ず西方浄土に往生できる。

（『選択本願念仏集』。日本思想大系『法然　一遍』、一五八頁）

一見、口称念仏（阿弥陀仏の名前を唱える行）以外の行を全否定しているように見えるが、「しばらく」の語が付されている。ゆえに他の行が捨てられるのは一時的である。[3] 法然において、阿弥陀仏への信が確定すれば、口称念仏以外の行を行うことは差し支えないのである。法然『禅勝房に示されける御詞』（一二〇二年〈建仁二〉以降成立）には以下のようにある。

問い。阿弥陀仏以外の仏を信じたり、浄土三部経以外の経典を読んだりすることは、雑行（口称念仏以外の行）を行ったことになるのか。答え。身を阿弥陀仏の本願に任せ、往生の信が決定した上であれば、念仏以外の仏事を行っても、雑行にはならず、念仏を助ける行となる。
（『昭和新修法然上人全集』、六九七頁）

なお、法然『禅勝房伝説の詞』（一二〇二年〈建仁二〉以降成立）では、口称念仏以外のすべての行為を助業（じょごう）（念仏を助ける行）になりうるとしている。

現世は念仏第一に過ごすべきである。念仏の妨げになるのであれば、何であっても止めるべきである。結婚しないことで念仏ができないのであれば、結婚して念仏を唱えなさい。結婚することで念仏ができないのであれば、結婚しないで念仏を唱えなさい。…一人であることで念仏ができないのであれば、仲間と共に念仏を唱えなさい。仲間といることで念仏ができないのであれば、一人で念仏を唱えなさい。衣食住は、念仏を助けるものである。すなわち念仏して往生することにおいて、自身が安穏である必要があり、そのためには何事もみな念仏を助ける行となる。
（『昭和新修法然上人全集』、四六二～四六三頁）

右のようであれば、地蔵への行は念仏のためであれば、念仏を助ける行となるのである。したがって、法然は、地蔵等、阿弥陀仏以外の仏・菩薩への信仰を条件付きではあるが、認めていたのである。さきに述べた地蔵等の仏・菩薩は阿弥陀仏の功徳に含まれるという位置づけを合わせて考慮すると、法然において地蔵は誹謗対象にはなり得ない。

それにもかかわらず、法然門弟は、なにゆえ地蔵等、他の仏・菩薩を誹謗したのであろうか？　その答えは法然『七箇条制誡』（一二〇四年〈元久元〉著述）にある。

> 私の門人と称する念仏の唱導僧[4]等、皆に告ぐ。
>
> 一　真言宗や天台宗の教えを学ぶことをまったくせず、その教えは誤っているとして誹（そし）ること、および阿弥陀仏以外の仏や菩薩を誹ることは止めるべきである。
>
> （日本思想大系『法然　一遍』、二三二頁）

「門人」ではなく、「門人と称する」とあるゆえ、当時、弟子と自称する者が数多くいたと解釈される。そして貞慶（一一五五～一二一三、本章第三節（一）後述）による念仏批判の書『興福寺奏状』（一二〇五年〈元久二〉提出）には以下のようにある。[5]

> 法然の弟子たちは、人々にいっていた。「師の言葉には、全て表裏がある。師の本心はわからない。世間の評判に惑わされてはいけない」と。
>
> （日本思想大系『鎌倉旧仏教』、四二頁）

「師の言葉には、全て表裏がある」とは直弟子の言葉とは思えず、弟子と自称する者の言葉とすべきであろう。そして、自称弟子こそ、法然の思想を曲解し、地蔵誹謗を行った者と考えられるのである。

このようにいえるのも、法然の弟子のなかで、著作を残している者の多くは、法然の思想を理解し、口称念仏以外の諸行を包摂する思想を持っているからである。具体的には、証空（一一七七～一二四七）、長西（一一八四～一二六六）、隆寛（一一四八～一二二七）、弁長（一一六二～一二三八）である。著作こそ残していないが、教団の長老であった信空（一一四六～一二二八）は大乗円頓戒（天台宗で受持する大乗戒）を保持しており、諸行を否定していたとは考えにくい。

（三）親鸞の思想と地蔵

しかしながら、留意すべき弟子が少なくとも一人いる。それは親鸞（一一七三～一二六二）である。親鸞の門弟は、徐々に浄土宗とは別の一派を形成し、今日では浄土真宗と呼ばれている。周知のとおり、現在、浄土真宗では親鸞を開祖としている。

親鸞の著作に地蔵の名前は登場しないので、阿弥陀仏以外の仏・菩薩をどう位置づけていたかという点から説明する。親鸞は、阿弥陀仏以外の仏・菩薩を衆生に念仏を勧めてくれた導き手（善知識）と位置づけた。『親鸞聖人御消息集』に収められる消息（手紙）には以下のようにある。

すべての仏・菩薩を軽視し、すべての神祇・閻魔王等を侮り無視することは決してあってはならない。…諸仏・菩薩のお勧めによって、大変遇いがたい阿弥陀仏の教えに出会うことができたのに、仏・菩薩をすべて無益なものとするのであれば、その深き恩がわかっていない。

（日本古典文学大系『親鸞集　日蓮集』、一五七頁）

どうしてこのような考えが生じてきたかといえば、親鸞において、念仏者は、往生し成仏した（悟った）後に現世に帰ってきて利他行（他人を救う行い）を行うとされているからである。親鸞『浄土和讃』（一二四八年〈宝治二〉頃成立）には以下のようにある。

西方浄土に往生して仏となった（悟った）人は、再び苦しみに満ちた世界に戻ってきてくれて、釈迦仏と同様に、現世の人々を教化してくれるのである。

（日本古典文学大系『親鸞集　日蓮集』、四八頁下段）

親鸞に念仏を勧めてくれたのは、聖徳太子[6]（五七四～六二二）と法然であるが、聖徳太子は観音が現世に仮に現れた姿（垂迹）であり、法然は勢至がこの世に仮に現れた姿であると、親鸞は信じていた。親鸞にとって両者は単なる導き手ではない。利他行のために西方浄土から現れた菩薩だったのである。親鸞において、現世の仏・菩薩は人々に念仏を勧めるために西方浄土より現れた導き手だったのである。そうであれば、阿弥陀仏以外の仏・菩薩は誹謗されるべき存在であるわけがない。と同時に積極的に信じる存在でもなかった。親鸞『一念多念文意』（一二五六年〈康元元〉頃成立）には以下のようにある。

異学の人というのは、念仏の教え以外の教え、および仏教以外の教えに従い、念仏以外の行を行い、阿弥陀仏以外の仏に帰依し、縁起をかつぎ、占いを好む人である。これは念仏の教えから外れた人である。

（『定本親鸞聖人全集』第三巻、一四一頁）

親鸞の没後、その後の親鸞一派が阿弥陀仏以外の仏・菩薩を一切誹謗しなかったわけではない。蓮如(7)（本願寺第八世、一四一五〜一四九九）が弟子に与えた「御文」（手紙）のなかには、阿弥陀仏以外の仏・菩薩への誹謗を停止するよう訴えたものがある。

一 諸神・諸仏・諸菩薩を軽んじてはならない。…というのも諸仏・諸菩薩というのは、すべて阿弥陀仏の分身だからである。

（一四七四年〈文明六〉一月一一日条。『真宗史料集成』第二巻、一八四頁上段〜下段）

親鸞一派は、時代が下るにつれて、浄土真宗として一宗派となる。親鸞思想を継承する浄土真宗寺院において、阿弥陀仏以外の仏・菩薩を祀ることは稀である。ただし、例外はある（序章前述）。

（四）その後の浄土宗と諸派の十王思想

浄土宗における十王

話を浄土宗に戻す。弁長の弟子、良忠（りょうちゅう）（一一九九～一二八七）は、安芸地方や関東地方（主に常陸・下総・上総）に教化を行い、結果的に良忠一派が浄土宗の本流となってゆく。良忠は、『往生要集義記』（一二八二～一二八六年〈弘安五～九〉著述）に『応験記』第五話を引用している（『浄土宗全書』第一五巻、三二七頁下段～三二八頁上段）。この話は、地蔵が主人公を地獄から「破地獄偈」（第一章第三節（二）にて引用）によって救済し、西方浄土へ引導するという筋である。

良忠以降の浄土宗は、地蔵信仰を地獄にいる十王（じゅうおう）（死者の罪を裁く十人の裁判官）と関係づけて布教に活用するようになった。このことの論証として、鎌倉時代に普及した十王信仰に関し、以下論ずる。鎌倉時代において、十王の各王と仏・菩薩との本地垂迹（本来の姿と仮の姿）関係が様々に説かれていたが、徐々に最終三王の本地仏（本来の姿である仏）を勢至・観音・阿弥陀仏＝阿弥陀三尊とする組み合わせが一般的となった。この組み合わせを推し進めたのが浄土宗である。

そもそも十王に本地仏を当てる思想は中国撰述の偽経を含め、原則、経典にはない。例外として考慮すべきは、『地蔵十王経』である。『地蔵十王経』は鎌倉時代の日本で成立した偽経である。活字化されたものとしては、二書ある。一書は『大日本続蔵経』一九一二年版、第二編乙第二三套第四冊所収本である（以下、続蔵経所収本と略）。続蔵経所収本には、各十王の名前の下に小さい字で本地仏が記されている。もう一書は、『民衆経典』（一九八六年、筑摩書房）所収本である。『民衆経典』所収本は続蔵経所収本とほぼ同一ながら、小さい字の本地仏の記述がない。

江戸時代には『地蔵十王経』の活字本が多数出版されている。文章部分において小さい字の本地仏の記述はないことが多い。鎌倉時代に成立したもともとの『地蔵十王経』[8]には、小さい字で記された本地仏の記述はなく、書写の過程において、ある写本では小さい字で各十王に本地仏が全て記されるようになり、この写本を継承するテキストを続蔵経は底本にしたと想定される。

十王の一人である閻魔は地蔵と一体であるという説は、『日本霊異記』にはあった（第二章第一節前述）が、『今昔』にはなかった（第二章第二節（二）前述）。この説は、時代が下って、平康頼（生没年不詳）『宝物集』（一一八〇年〈治承四〉頃成立）や『宇治拾遺物語』（一三世紀前半成立）にみられるようになる。

地蔵は身を二五に分身し、二五の世界の人々を救済し、あるいは十王となって冥途（死者のさまよう世界）に迷う人々を救済し、あるいは閻魔王となって罪人を助ける。

（『宝物集』。新日本古典文学大系『宝物集　閑居友　比良山古人霊託』、一七八頁）

「あなたはうっかり者である。現世では、私を地蔵菩薩といっている」と閻魔はいった。「さて、閻魔王というのは実は地蔵菩薩のことだったのだ。この菩薩を信ずれば、地獄の苦を逃れることができるはずだ」と思っているうちに三日が経過しており、生き返った。

（『宇治拾遺物語』上第八三話。新日本古典文学大系『宇治拾遺物語　古本説話集』、一五四頁）

一二世紀以降、閻魔と地蔵とを一体とする説が説かれるようになったことから、閻魔以外の十王にも本地仏を当てることが生じたと考えられる。しかし、経典にはない考えであったため、十王と本地仏の組み合わせは宗派によって異なる。

住信（一二一〇〜？）『私聚百因縁集』（一二五七年〈正嘉元〉成立）では以下のようにある。

第一に秦広王は不動の仮の姿である。…第二に初江王は釈迦の仮の姿である。…第三に宋帝王は文殊の仮の姿である。…第四に五官王は普賢の仮の姿である。…第五に閻魔王は地蔵の仮の姿である。…第六に変成王は弥勒の仮の姿である。…第七に太山王は薬師の仮の姿である。…第八に平等王は観音の仮の姿である。…第九に都市王は勢至の仮の姿である。…第十に転輪王は阿弥陀の仮の姿である。

（鈴木学術財団『大日本仏教全書』第九二巻。一六一頁上段〜一六五頁下段）

『私聚百因縁集』の著者、住信は浄土宗系の唱導僧とされる。この組み合わせでは、「第八　平等王　観音」、「第九　都市王　勢至」に続いて最終救済者（最終の裁判官である「五道転輪王」）の本地仏を阿弥陀仏としていることが特徴である。すなわち、最終三王の本地仏を阿弥陀三尊としている。

隆堯（一三六九～一四四九）『十王本跡讃嘆修善鈔』（一四三三年〈永享五〉成立）でも同一の組み合わせである。隆堯も浄土宗系の唱導僧とされる。[9]二尊院[10]（現・京都府京都市右京区）所蔵の「十王図」（室町時代制作）も同一の組み合わせである。したがって、この組み合わせは浄土宗系で説かれたと想定される。そして、この組み合わせが中世を通じて一般化する。

天台宗・法華宗における十王

叡山文庫蔵『注十王経』（室町時代中期書写）には以下のようにある。

秦広王は不動の仮の姿である。…初江王は釈迦の仮の姿である。…宋帝王は文殊の仮の姿である。…五官王は普賢の仮の姿である。…閻魔王は地蔵の仮の姿である。…変成王は弥勒の仮の姿である。…太山王は薬師の仮の姿である。…平等王は観音の仮の姿である。…都市王は勢至の仮の姿である。…五道転輪王は釈迦の仮の姿である。（一九～六二頁）[11]

同様の組み合わせは、伝日蓮『十王讃歎鈔』（一五世紀初頭成立、『昭和新修日蓮聖人遺文全集』上巻所収）にあり、天台宗系および法華宗系で唱えられたものと想定される。最終救済者（最終の裁判官である五道転輪王）の本地仏が釈迦仏とされているのが特徴である。この組み合わせは最終救済者以外、先に述べた浄土宗系の組み合わせと同一である。すなわち観音・勢至と阿弥陀仏の脇侍に続いて、阿弥陀仏ではなく、釈迦仏が設定されているのである。すでに釈迦仏は二番目の初江王の本地仏とされている。釈迦仏は二度登場しており、不自然である。

一つの仮説として「この組み合わせが成立した頃にはすでに浄土宗系の組み合わせが一般的であり、『注十王経』（もしくは『十王讃歎鈔』）も浄土宗系の組み合わせによったが、全てそのままだと天台宗（もしくは法華宗）の独自性が出ないため、最終救済者の本地仏を天台宗（もしくは法華宗）が重視する『法華経』を説いた釈迦仏に変更した」、という解釈を提示することは可能であろう。

真言宗における十王

現・福岡県福岡市今津にある、誓願寺（真言宗）所蔵の「十王図」（鎌倉時代成立）では以下の組み合わせとなる。

秦広王―釈迦　　初江王―不動　　宋帝王―薬師
五官王―なんらかの如来　　閻魔王―地蔵　　変成王―弥勒
太山王―〔図欠〕　　平等王―普賢　　都市王―文殊
五道転輪王―大日

（九州歴史資料館編『筑前今津誓願寺展』一九七七年、九州歴史資料館、二五頁上段）

最終救済者（最終の裁判官である五道転輪王）の本地仏を大日としている点が特徴である。また、阿弥陀仏や勢至が入っていないことも特徴といえる。仮に太山王の本地仏が観音であれば、弥勒・観音・普賢・文殊の並びとなり、真言宗で重視する胎蔵界四菩薩となる。ゆえに真言宗系で唱えられた組み合わせと想定される。

以上、中世において説かれた、十王と本地仏との組み合わせ三種を紹介した。いずれも宗派の特徴を反映したものであった。

三種の組み合わせのうち、室町時代には浄土宗系の組み合わせが一般的となる（矢島新「沼田市正覚寺蔵十王図と十三仏成立の問題」『群馬県立女子大学紀要』第一〇号、一九九〇年）。浄土宗系の組み合わせであれば大日が除外されることとなる。高野聖（真言宗系の唱導僧）は、浄土宗系の組み合わせに大日等を追加する形で十三仏信仰を打ち出す。浄土宗系の組み合わせが一般的となったということは、浄土宗が十王信仰を積極的に取り入れて布教を行っていたと想定される。その際、地蔵は閻魔王の本地仏と位置づけられていた。浄土宗は一時的には地蔵を誹謗することもあったかもしれないが、長期的に見ると、地蔵信仰も取り入れて布教活動を行っていたのである。

（五）時　宗

本節の最後に、時宗の地蔵信仰に言及する。時宗の開祖、一遍（一二三九～一二八九）は、法然の弟子である証空の弟子、聖達（生没年不詳）の弟子である。つまり法然―証空―聖達―一遍という系譜となる。
前述のごとく、証空は口称念仏以外の行を包摂する思想を説いており、弟子筋の一遍も念仏以外の諸行を肯定的に位置づけている。一遍の言葉を弟子が記した『播州法語集』（南北朝時代成立）には以下のようにある。

『観無量寿経』ではすべての行をまとめて三福の行（ぎょう）（三種の行）としている。三福の行が正しい行となる時は、念仏も様々な実践行の一つとなり、雑行も正しい行となる。その時、人は阿弥陀仏の名前と一体となる。

（『一遍上人全集』、一六八頁）

ただし、一遍において、念仏は遥か遠い西方浄土へ往生するための行ではなく、人と阿弥陀仏とを一体化するものである。西田幾多郎の言葉を借りれば、一遍において念仏とは主客未分の境地であると言うことは可能であろう。このため、思想的には禅に近いと指摘されることもある（広神清「一遍の宗教の歴史的性格（一）神道及び禅宗との関連」『筑波大学哲学・思想系論集』第二号、一九七六年）。

一遍の言葉を記した編纂物（『播州法語集』および『一遍上人語録』一七六三年〈宝暦一三〉刊）には地蔵の名前は登場しない。ただし、一遍が、鎌倉片瀬（現・神奈川県藤沢市片瀬）の地蔵堂や六波羅蜜寺（現・京都府京都市東山区、第二章第二節（一）前述）等、地蔵に関連する寺・堂に参詣していることから、少なくとも一遍は地蔵信仰に親近感を持っていたとされている[12]（今井雅晴「時宗と地蔵信仰」和歌

森太郎編『日本文化史学への提言』一九七五年、弘文堂)。

時宗と地蔵信仰の関係で、着眼すべきは、時宗二祖(実質の開祖)、真教(一二三七〜一三一九)である。真教は、『奉納縁起記』(一三〇六年〈嘉元四〉奉納)において、地蔵を観音と同様に阿弥陀仏の脇侍として位置づけている。

阿弥陀仏は地蔵・観音とともに現れ、六道を歩き回り、人々を教化してくれる。

(鈴木学術財団『大日本仏教全書』第四七巻、八九頁上段)

真教が一二九七年(永仁五)に創建した、福田寺(現・神奈川県小田原市本町)[13]は、少なくとも江戸時代において延命地蔵および阿弥陀仏を本尊としていた(『新編相模国風土記稿』。『大日本地誌大系』第三七巻、一二五頁上段)。真教は時宗教団の確立およびその全国展開にあたり、地蔵信仰を活用していたと考えられている(今井雅晴「時宗と地蔵信仰」前掲)。

では時宗において、地蔵はどのような位置づけであったのだろうか? この問題を考える一つの手掛かりは、江戸時代の僧、良観[14]が増補した[16]『三国因縁地蔵菩薩霊験記』(一六八四年〈貞享元〉刊)に所収された実睿[15]『地蔵菩薩霊験記』(現存本は室町時代成立)第二巻第一四話である。話の筋は、三河国大浜(現・愛知県碧南市)の僧が、信濃国善光寺(現・無宗派、現・長野県長野市大字長野元善町)に参詣しようと旅に出たが、途中、甲斐国一条(現・山梨県甲府市)ですでに亡くなっている曾我兄弟[17]

の霊と会うというものである。主人公「大浜の僧」は真教ゆかりの一蓮寺がある甲斐国一条等、時宗に関連した場所を訪問しているので、時宗の僧とされる（角川源義「妙本寺本曾我物語攷」『角川源義全集』第二巻、一九八七年、角川書店）。

地蔵との関連は、曾我兄弟とその妻が罪を作ったため、六道の一つである修羅道（常に争いの絶えない世界）に生まれ変わるが、地蔵の助けにより、若干の平穏を得るという箇所にある。

> 曾我兄弟の霊は、父の為に罪を作ったため、数えきれない報いを受け、争い盛んな修羅道に入った。そこで互いに殺し合うこと、一日一二回であった。今は追善の功徳により、一日六回に半減した。…曾我兄弟のために地蔵像が新たに作られ、加えて曾我十郎の妻にも地蔵像が与えられた。この結果、修羅道において敵が攻めてくることはなくなった。
>
> （榎本千賀・他編『一四巻本地蔵菩薩霊験記』上巻、二〇〇二年、三弥井書店、一〇六～一〇七頁）

このことを聞き、僧は善光寺如来の前で、死者救済を目的とする念仏の必要性を説いた。

> 僧は、善光寺如来の御前において、以上の不思議な出来事を詳しく語った。このことによって、この話は広まった。僧は人々に対して、後生善処（死後、天や西方浄土等良い所に生まれ変わること）を目的とする念仏を勧めた。この話を聞いた人は誰でも念仏を行うようになった。

（前同、一〇八頁）

着眼すべきは、この話において追善供養（死者を救済するために生者が仏事を行うこと）の大切さが地蔵と関連づけられている点である。中世において、時宗の唱導僧は積極的に追善供養を行っていた（網野善彦『無縁・公界・楽―日本中世の自由と平和　増補』一九八七年、平凡社。小野澤眞『中世時衆史の研究』二〇一二年、八木書店）。そうであれば時宗において地蔵は追善供養に活用される存在であったと考えられる。つまり時宗において、地蔵は死者救済の菩薩として位置づけられていた。たとえば、現・長野県飯綱町牟礼にある永正地蔵尊（一五一三年〈永正一〇〉造立）は時宗による造立とされ、造立地は処刑場であったと伝わる（高野修「中世北信濃における時衆の展開―遊行二十一代知蓮上人名号と永正地蔵尊を中心として」『時宗教学年報』第三六号、二〇〇八年）。永正地蔵尊は、死者供養の役割が期待されていたと解釈される。

以上の考察を踏まえると、時宗は、時に地蔵の死者救済の役割を活用して、布教活動を行っていたといえる。

（六）小　結

法然は阿弥陀仏の名前を唱えれば往生できるという思想を主張していたが、地蔵を否定していたわけではない。法然の弟子のなかにはこの思想を曲解して地蔵像を破壊した者もいたようだが、その後の浄土宗の展開においては、地蔵を活用したこともあった。浄土真宗の開祖とされる親鸞も地蔵を否定していたわけではない。親鸞一派（後の浄土真宗）が発展する過程において地蔵を誹謗することもあったようだが、このことについて蓮如は戒めていた。同じく法然系統ではあるが、別派となった時宗も地蔵を布教活動に活用していた。

浄土宗（浄土真宗・時宗を含む）が全国展開したからといって、必ずしも地蔵が否定されたわけではない。むしろ、浄土宗が全国展開することによって、地蔵信仰も広がっていった面もあったのである。

第二節　禅　宗

中世は浄土宗以外にも様々な仏教宗派が勃興した時代である。では他宗派において地蔵の位置づけはどうだったか？　本節では、まずは現代日本において、浄土真宗に次ぐ一大宗派である、曹洞宗について考察を加える。[18]

（一）曹洞宗

曹洞宗の開祖、道元（一二〇〇～一二五三）は只管打坐（しかんたざ）（ただ坐禅のみ行え）という教えを唱え、坐禅以外の行を否定的に位置づけた。以下の引用は「只管打坐」という言葉のもととなっている箇所である。

焼香・礼拝・念仏・修懺（仏前で懺悔すること）・看経は身心脱落（悟り）に役立たない[19]。ただ坐禅のみ行い、身心脱落を得よ（悟りを目指せ）。

（道元「弁道話」[20]『正法眼蔵』。岩波文庫版第一巻、一五頁）

しかし、例えば道元『典座教訓』（一二三七年〈嘉禎三〉著述）においては、料理の際に、竈神への読経を行えとしている。

明日の昼食の材料の準備にかかる。まず、米のなかに虫が混じっていたらこれを取り除き、緑豆や籾殻、砂石なども心をこめて取り除いてしまう。米や野菜を選り分けているとき、行者は読経を行い、竈神に対して供養する。

（講談社学術文庫『典座教訓　赴粥飯法』、三七頁）

道元は坐禅以外の行を一切禁止していたわけではない。「只管打坐」のもととなった箇所では、「役に立たない」とするだけで禁止の表現を使っていない。悟りの行としての坐禅をまずは優先せよといっているにすぎない。

現代では、道元は西洋の哲学者である、ハイデガー（一八八九〜一九七六）やウィトゲンシュタイン（一八八九〜一九五一）と比較されるため、時にその思想は近代的とされるが、寺に土地神を祀るなど、中世的信仰も有していた。ちなみに道元は、僧侶が通俗的な追善供養を行うことに対しては否定的立場をとっていた。

道元の高弟である懐奘（一一九八～一二八〇）が記した『正法眼蔵随聞記』（一二三五～一二三八年〈嘉禎年間〉成立）第三巻第一六には以下のような道元の言葉を記している。

四十九日の供養などは、みな在家者のすることである。…特に一人を対象として供養をすることは、仏の心にそぐわない。…『梵網戒経』に「父母兄弟の命日には、法師に儀式をしてもらい、その功徳によって亡者を助け、天に往生することを導きなさい」とあるのは、まずは在家者に対していったものであろう。大宋国の修行道場の僧たちは、師匠の命日にはそれにちなむ儀式をするが、父母の命日にそうしたことは行ってはいない。

（日本古典文学大系『正法眼蔵　正法眼蔵随聞記』、三七三頁）

ただし、道元は父の命日に説法を行っており、彼なりに供養はしている。

道元没後、道元が創建した永平寺（現・福井県永平寺町志比）は懐奘が継承する。懐奘は道元の秘書的存在であり、道元の運営方針を忠実に守ったと考えられている。風雲急を告げるのは、義介（一二一九～一三〇九）が三代目となってからである。義介は永平寺の伽藍整備を行ったが、五〇代の若さで三代目を勇退し、その後は永平寺周辺に居住した。七〇代になって、加賀国大乗寺[21]に招かれ住職となる。すなわち、義介は一旦、永平寺三代目に就任しながら勇退↓他の寺の住職、という不可解な人生を歩んでいる。

これまでの通説では、義介は永平寺に粥罷諷経（しゅくはふぎん）（食事の前後に読経すること）といった密教的新要素を導入したため、三代目に相応しくないという意見が出て、勇退せざるを得なくなったとされてきた（竹内道雄『日本の禅』一九七六年、春秋社、一八四頁）。しかし、さきに確認したように道元は食に関する儀式を認めている。義介が「新」要素を導入したかどうかは、再考すべき問題である。

道元はもともと貴族出身であり、入宋経験のある高僧であった。ゆえに道元個人には檀那（経済的支援者）が付いたが、道元没後にそうした檀那が離れていった可能性はある。これゆえ、永平寺経営において経済問題が生じ、このため義介は勇退を余儀なくされたと考えられている（東隆眞「「三代相論」考（一）～（四）」『宗学研究』第一一～一五号、一九六九～一九七三年）。

義介没後、大乗寺は、弟子の瑩山（けいざん）（一二六八～一三二五）が継承する。しかしながらその後、瑩山は大乗寺から身を引き、大乗寺は臨済宗となる。瑩山が身を引かざるを得なくなった理由として、檀那である富樫氏の内紛が想定されている（野々市町史編纂専門委員会編『野々市町史』通史編、二〇〇六年、石川県野々市町、一七三頁）。大乗寺から身を引いた瑩山は、能登国に永光寺（現・石川県羽咋市酒井町）および総持寺（現・石川県輪島市門前町門前→現在は神奈川県横浜市鶴見区に移転）を創建する。[22]瑩山の弟子、峨山（がざん）（一二七五～一三六六）が総持寺を継承し、峨山の弟子を中心に曹洞宗は全国へ展開してゆく。

これに対し、義介が身を引いた永平寺は火災等もあり、その後ひっそりと継続することとなる。永平寺が曹洞宗の一拠点となるのは、江戸時代、江戸幕府の法度により、本山の一つとなってからである（もう一つは瑩山が創建した総持寺）。瑩山が身を引いた大乗寺は、その後、瑩山の弟子である明峰（一二七七～一三五〇）が住職となり、加賀国の曹洞宗の拠点となる。

話を瑩山に戻す。瑩山は檀那を重視し、檀那が求める追善供養を行った。檀那重視という思想および追善供養の導入は、道元からの逸脱といえる。しかし、瑩山は檀那との関係によって大乗寺から身を引かざるを得なくなった。瑩山の師、義介も経済問題によって永平寺から身を引かざるを得なかった。このことを瑩山は義介より聞かされていたと想定される。瑩山は安定した寺院経営のためには檀那が必要であることを身をもって知っていたため、檀那重視の思想を抱いたのである。なお、瑩山が道元と直接面識のない世代であったことも考慮に入れる必要がある。

檀那獲得の一環として、瑩山は総持寺門上に祀る放光菩薩像（地蔵像・観音像のセット、第一章第三節（四）前述）の利益を唱導したと考えられる。瑩山「総持寺中興縁起」（一三二一年〈元亨元〉著述）には以下のようにある。

放光菩薩とは中国の広善寺[23]の門上にある霊妙な像である。僧侶の姿をした観音・地蔵の二菩薩である。常に光明を放つ。このことによって、人は放光菩薩を敬い信じるのである。この意味において両尊は同じものであるので、ともに放光菩薩と称するのである。当時の皇后が懐妊の時、参詣し祈念された。その時、光をたびたび放った。安産にて王子が誕生した。それから以後数百年、中国および日本の皇后・将軍・大臣等あらゆる人々が皆これに帰依し、安産を祈禱し請願したのである。櫛比庄（現・石川県輪島市の一部）の妊婦は放光菩薩に祈るべきである。

（『瑩山禅』第一〇巻、二二九〜二三〇頁）

確認される範囲において、日本の曹洞宗寺院で地蔵像を祀った第一号である。ただし、瑩山は地蔵ではなく観音を重視していた。瑩山が唱導したからといって、その後の曹洞宗寺院で放光菩薩像が積極的に祀られた形跡はない。筆者の知る限り、中世曹洞宗寺院で放光菩薩像を祀っていたのは、仏陀寺（現・石川県能美市仏大寺、現在は廃寺）のみである。

瑩山は『洞谷記』（一三二五年〈正中二〉成立）において檀那を重視し、檀那を仏のごとく尊崇せよと述べていた。

仏はいっている、篤信の檀那を得る時、仏教は永続する、と。また、仏はいっている、檀那を敬うことは、仏に対する態度と同様にすべきである。戒定慧解（戒を守ること、心落ち着けること、真実を理解すること、悟ること）といった実践すべき事柄は、檀那の力によって成就する、と。瑩山がこの世で行っている仏法修行は、檀那の信心によって成就するのである。

（春秋社版、四七頁）

瑩山は檀那を重視していたこともあって、檀那の求める追善供養や檀那の現世利益を祈る儀礼等を導入した。このことは弟子たちに受け継がれ、その後の曹洞宗は在家への葬祭儀礼等を活用して発展した。瑩山の直弟子である、峨山および明峰には、地蔵信仰を取り入れた形跡はないが、峨山の弟子のなかには地蔵信仰を取り入れ、活用した者がいる。具体的には大徹（一三三三～一四〇八）・通幻（一三二二～一三九一）・実峰（一三一八～一四〇五）の三名である。実峰の語録をみると、地蔵の、地獄での代受苦の役割が示されている。

地蔵菩薩賛
内面は菩薩である。地蔵はあえて仏になっていないのである。外面は声聞（剃髪した僧侶）の姿をとる。進んで人々に代わって苦を受ける。…六つの円環（鐶）が付いた錫杖は地獄の刀山を砕く。一筋の光は地獄の剣樹（罪人を傷つける剣）を照らし、これを破る。

（『実峰良秀禅師語録』。『訓註曹洞宗禅語録全書』第二巻、四三九～四四〇頁）

峨山の孫弟子の代になると、地蔵の役割が明確化してくる。大徹の弟子である、竺山（一三四四～一四一三）の法語をみると、地蔵を追善供養に活用したものがある。

光岩道照禅門に対する三十五日の法要。光岩道照は戦いによって亡くなった。…集めた功徳を、真如実際（真実の姿）、仏果菩提（仏の悟り）、常住する三宝、果海聖賢（悟った人）、今日の導師である地蔵菩薩に回向する。

（『笠山禅師語録』。『続曹洞宗全書』語録第一巻、三七頁上段）

同じく、峨山の孫弟子、瑞巌[24]（一三四三〜一四二四？）の法語にも、地蔵に言及するものがある。

喜んで地蔵菩薩の四句偈に注する。このことによって、すでに亡くなった人およびこれから亡くなる人を救うのである。地蔵は毎朝、地獄に入る。…地蔵は諸地獄に入って、人々を苦から救ってくれる。…地蔵は苦しみに満ちた世界において、人々を救済してくれる。…地蔵は、現世および後生において、人々を引導してくれる。

（『瑞巌禅師語録』。『訓註曹洞宗禅語録全書』第六巻、一四二一〜一四三三頁）

これをみると、瑞巌も地蔵を地獄からの救済者および後生善処（死後、天や西方浄土等良い所に生まれ変わること）への引導者と位置づけていることがわかる。

中世曹洞宗の儀式を記録した「切紙」が種々残っているが、そのなかには、地蔵を活用したものもある。

道場はいつものように荘厳とする。壇上に地蔵菩薩の牌を置く。下の段に亡者牌を置く。戒師は壇に向かい、三回拝み、炉をとり焼香し、微かな声でいう、「迷いの世界の人々を導いてくれる地蔵菩薩。あなた様にただ願うことは、道場に降臨し、清らかな菩薩戒を亡き人に授けてくれることです」と。

（石川力山『禅宗相伝資料の研究』上巻、二〇〇一年、法藏館、四一二頁）

右は「亡者授戒」の一節である。これをみると、地蔵は没後作僧（もつごさそう）の儀式（亡くなった在家者に戒を授け、僧侶とする儀式）において、道場に降臨することを期待された存在であったことがわかる。すなわちこの儀式において、地蔵は生きた人間の姿で現世に現れることが期待される存在だったのである。

以上、中世において曹洞宗が徐々に地蔵信仰を取り入れ、活用していった過程を概観した。道元は追善供養を積極的には行っていなかったが、瑩山の代になって、檀那重視の思想により檀那の求める追善供養を行うようになった。追善供養の一環として、徐々に地蔵信仰も取り入れられていったのである。言い換えれば、曹洞宗は地蔵を死者救済の菩薩として位置づけたのである。

（二）臨済宗

臨済宗といっても、一つの教団組織があるわけではなく、臨済禅の教えを実践する小宗派をまとめて、臨済宗と呼んでいる。ただし、小宗派間での影響関係はある。

中世において臨済宗は、曹洞宗に比べると、上級武士を檀那とした。臨済宗の勢力は、大きくはないかもしれないが、文化的には様々なものが現在にまで伝わっている。

まずは栄西（一一四一～一二一五）の地蔵信仰を考察したい。栄西は、現在でも高校教科書（日本史・倫理）レベルでは、日本臨済宗の開祖とされることもあるが、臨済禅を日本に持ち込んだ一人に過ぎない。しかし、後の時代への影響は小さくない。

同じ禅宗といっても、栄西と道元では、坐禅以外の行を是認していたかどうかという点で異なる。本節（一）前述のごとく、道元において仏道修行は、基本的には坐禅であった。これに対し、栄西は真言（密教の呪文）を唱えることや止観（雑念なく見ること）を仏道修行として認めていた。栄西は、鎌倉幕府の三代将軍、源実朝（一一九二～一二一九）に請われて、雨乞いを行っている。

栄西の地蔵信仰は、栄西『菩提心別記』（一一七九年〈治承三〉成立）に示されている。同書において、栄西は地蔵を菩提心の源としている。

私は、少年の頃より顕教や密教を学び、菩提心を追求した。…顕教でも、密教でも、地蔵は菩提心の本性とされる。（『日本大蔵経』第八四巻、六四五頁上段）

また、地蔵の功徳は、他の菩薩より優れている、としている。

先ず『顕教経』[25]にいう、一日でも地蔵の功徳を唱えれば、その大きなる名声は、極めて長い時間に亘って、他の菩薩の功徳を唱えることと同じになる、と。…ゆえに一日、地蔵の功徳を唱えれば、その利益は他の菩薩の利益に勝っている。

（前同、六四五頁上段〜下段）

テキストは今に伝わらないが、引用部分のみ伝わる栄西『地不の決』（成立年代不明）でも、地蔵を大日と結びつけることで、高く位置づけている。

亡くなった栄西の口伝に『地不の決』という書がある。「地蔵と不動とは方便として離れているのみで、本来は不離一体である。地蔵は大日の柔軟なる慈悲を継承しており、母のようなものである。不動は大日の智慧・能力を継承しており、父のようなものである。そうであれば、不動は斧のようなものであり、地蔵は釜のようなものである。…」

（無住『雑談集』第六巻。一三〇五年〈嘉元三〉成立、中世の文学、一九一頁）

栄西の口伝に『地不の決』という秘伝の書がある。そのなかに、「地蔵は大日の柔軟さを継承しており、不動は大日の強さを継承している」とある。

（無住『沙石集』。日本古典文学大系版、一〇五頁）

なお、栄西の伝記（高峰東晙[26]『日本禅宗始祖千光祖師略年譜』江戸時代成立）では、地蔵像に対して雨乞いを祈ったという伝承を記している。

一一六三年（長寛元）…備前国津高郡（現・岡山県岡山市等）に日応寺という寺がある。栄西を開山としている。…その寺の東北の方角にある谷の上に、地蔵菩薩の石像がある。栄西がこの場所において降雨を祈ったという伝承がある。ゆえに今に至るまで、地元の人々は、日照りの際には降雨をこの地蔵像に祈っている。

（『栄西禅師集』、四〇〇頁）

栄西は真言密教の一環として地蔵を信仰していたと解釈される。

中世に創建された臨済宗寺院をみると、中世造立の地蔵像を祀っていることが多い。これらの地蔵像は、後世、他所より移されたものもあるが、創建以来祀っていたものも少なくない。これらの地蔵像は何の役割を期待され、作られたのか？　著名な二ヵ寺を取り上げる。

まず、建長寺（現・神奈川県鎌倉市山ノ内）の地蔵像を紹介する。建長寺は宋僧である蘭渓道隆（らんけいどうりゅう）（一二一三～一二七八）を開山とする臨済宗寺院である。建長寺の本尊は、創建当時より現在に至るまで地蔵像である（ただし現在の本尊地蔵像は室町時代に作り直されたもの）。

建長寺の地は、創建以前は罪人の処刑場であった。建長寺創建以前、当地には死者救済を目的とする地蔵像が祀られていた。このことを機縁に建長寺は地蔵像を本尊として祀ったとされる（瀬谷貫之「建長寺創建本尊と北条時頼の信仰」村井章介編『東アジアのなかの建長寺』二〇一四年、勉誠出版）。現在、建長寺には本尊以外に心平寺地蔵像が安置されている。心平寺は、もともと当地にあった寺とされる。心平寺地蔵こそもともと当地に存した地蔵像とされる[27]。建長寺に祀られる複数の地蔵像には、死者救済の役割が期待されていたと想定される。このようにいえるのは、一二五三年（建長五）、建長寺落慶の儀式の記録には以下のようにあるからである。

一一月二五日。…建長寺において供養があった。丈六（高さ約四・八メートル）の地蔵菩薩像を中心とした供養である。…この儀式の目的は、上は天皇の健康長寿、将軍家および重臣の繁栄、天下の太平を祈り、下は三代の将軍（源頼朝・頼家・実朝）、北条政子ならびに御一門で亡くなった方の没後を弔うことにある。（『吾妻鏡』。国史大系版第四巻、五六八〜五六九頁）

もう一つの例として、円覚寺（一二八二年〈弘安五〉創建、現・神奈川県鎌倉市山ノ内）の地蔵像を紹介する。円覚寺は、宋僧である無学祖元（むがくそげん）（一二二六〜一二八六）を開山とする臨済宗寺院である。本尊は盧舎那仏である。同寺にはかつて千体地蔵が祀られていた。この千体地蔵は、元寇（一二七四年・一二八一年）によって亡くなった将兵を供養する役割を担ったものである。それというのも、千体地蔵供養にあたって、祖元は以下のように述べているからである。

地蔵菩薩像千体を安置する。地蔵菩薩像の姿は荘厳である。…地蔵像の前で仏事を行う。…我が軍および敵軍で戦死した者および溺死した者の魂は帰る所がない。ただ願うことは、速やかにそうした魂を救うことである。この法要によって、帰る所のない者でも、みな救われる。

（無学祖元『仏光国師語録』。鈴木学術財団『大日本仏教全書』第四八巻、一〇〇頁上段～中段）

中世臨済宗の作法・規則の集大成というべき、楓隠（生没年不詳）『諸回向清規』（一五六六年〈永禄九〉成立）には以下のようにある。

○亡者授戒法　一心に奉る。迷いの世界の人々を救済する地蔵菩薩、道場に降臨してください。清らかな菩薩戒を亡き者に授けてくれる師となってください。

（『大正新脩大蔵経』第八一巻、六五九頁中段）

これまで言及した地蔵像の役割と『諸回向清規』とを考え合わせると、臨済宗において、地蔵は主に死者救済の役割を担っていたといえる。なお、『諸回向清規』に記す「亡者授戒法」は曹洞宗にも同様のものがあった（本節（二）前述）。中世において、曹洞宗と臨済宗とは交流が盛んであり、相互影響のなかから類似した儀式が生じたと考えられる。曹洞宗および臨済宗の布教活動から、在家死者に戒名を付ける死後戒名が日本に普及した。以下、『日葡辞書』(28)を引用する。

Caimio　人の死後付ける名。または、人が剃髪した後、すなわち、僧侶になった後に付ける名。

（邦訳版、八一～八二頁）

戒名は、もともと出家の際に付けられる名前であり、インド仏教を起源とし、中国から日本に入ってきた（藤井正雄『戒名のはなし』二〇〇六年、吉川弘文館）。出家の際に付ける名前であった戒名を日本の禅宗（曹洞宗・臨済宗）は在家者が亡くなった際に付ける名前に拡大したのである。拡大した意味は中世末になると『日葡辞書』に採録されるほど普及していた。

臨済宗もその展開において追善供養を行い、その一環として地蔵信仰を活用することもあったことが確認される。曹洞宗同様、臨済宗も地蔵を死者救済の菩薩と位置づけていたのである。

第三節　顕密仏教

以上、浄土宗（今日でいう浄土真宗・時宗を含む）および曹洞宗・臨済宗を取り上げた。いずれも鎌倉新仏教の宗派である。かつての高校教科書（日本史・倫理）では、鎌倉新仏教が大々的に取り上げられ、あたかも鎌倉新仏教各宗派が鎌倉時代の仏教界の主流のようなイメージを与えかねない記述であった。しかし、少なくとも鎌倉時代は依然、荘園制の時代であった。東大寺・延暦寺等の大寺院は巨大荘園領主であり、強大な財力を持ち、宗教的権威を持っていた。したがって、鎌倉時代の仏教界の数的主流は南都諸寺院、天台宗、真言宗といった顕密仏教（一昔前でいう鎌倉旧仏教）[29]であった。

数的主流であった顕密仏教は地蔵をどう位置づけていたのだろうか。現在、一般的に普及している『岩波仏教辞典　第二版』（二〇〇二年、岩波書店）には以下のようにある。

地蔵信仰　鎌倉時代には悪人成仏を説く専修念仏に対抗する意味合いもあって、『沙石集』にうかがわれるように旧仏教諸師は、六道をめぐる地蔵の身近な現世利益を強調した。

はたして、一昔前でいう鎌倉旧仏教諸師、今でいう顕密仏教諸師は、この辞書の記述のとおり、地蔵の現世利益を強調したのだろうか？

（一）南都仏教

まず、貞慶（じょうけい）『地蔵講式』を取り上げたい。貞慶（一一五五～一二一三）は法相宗の学僧であり、南都仏教を復興した中心人物の一人である。『地蔵講式』〈地蔵講の方法等を記した書、一一九六年〈建久七〉著述〉[30]において、地蔵は悪人を地獄から救済する菩薩とされている。

現世にいる人々は苦を受けている。地蔵に帰依すれば、苦はすべて除かれる。地獄に堕ちる罪を作ったとしても、地蔵尊を念じなさい。地蔵は諸地獄に赴き、苦を代わって受けてくれる。
（『貞慶講式集』、一〇七～一〇八頁）

ちなみに地蔵は浄土へ引導してくれる菩薩でもある。

地蔵は影のごとく付き添って我々を守護してくれるため、我々は臨終において心正しく念仏することが可能となり、浄土に往生することができる。

（前同、一一一頁）

貞慶『地蔵講式』は南都仏教に影響を与えている。一例として、貞慶の孫弟子である良遍[31]（一一九六～一二五二）を取り上げる。

良遍は貞慶と同じく法相宗の学僧であり、法相教学を集大成した僧である。良遍は、貞慶より地蔵像を譲り受け、東大寺知足院に安置した。現在、東大寺知足院で本尊として祀られている地蔵像は鎌倉時代制作とされる。そうであれば良遍が安置した地蔵像の可能性が高い。良遍『念仏往生決心記』（一二五一年〈建長三〉著述）において、地蔵は末法[32]の人々を西方浄土へ引導する存在である。

地蔵は末法の導師である。苦しみに満ちた世界の人々および地獄等に堕ちた人々を救済してくれる。人々は地蔵をぜひ信ずるべきである。地蔵には、昼夜影のごとく付き添ってくれて、阿弥陀仏の来迎に会わせてくれることをお願いすべきである。

（『浄土宗全書』第一五巻、五六八頁下段）

そうであれば、良遍も地蔵を死者救済の菩薩と位置づけていたといえる。

貞慶の教えを受け継ぐ集団として西大寺流真言律宗がある。西大寺流真言律宗の祖である叡尊（一二〇一〜一二九〇）は、貞慶の弟子である、戒如（生没年不詳）に師事している。西大寺流真言律宗は、叡尊の弟子である良観房忍性（一二一七〜一三〇三）等によって全国に広まってゆく。忍性は布教の際、地蔵を活用することもあった。といえるのも、忍性は人々に地蔵画を与えているからである。忍性の弟子である浄名（生没年不詳）が記した『忍性菩薩略行記』（一三一〇年〈延慶三〉成立）には以下のようにある。

忍性は男女一三五五人に地蔵画を与えてくれた。

（田中敏子「忍性菩薩略行記（性公大徳譜）について」『鎌倉』第二一号、一九七三年）

地蔵画を与える際、忍性は絵解きを行ったと解釈するのが当然であろう。その忍性の絵解きを記録したと考えられるのが、無住『沙石集』第二巻第六話に内包する数話のうち、「生馬論識房の話」である。『沙石集』にはいくつかのテキストが伝わる。「生馬論識房の話」において、多くのテキストは、最終部に「上人が語った物語である。…最近の出来事である」とある。神宮文庫本では「良観上人が語った物語」と人名が明記されている。『沙石集』の著者である無住と忍性とは交流があった。そうであれば、この「良観」とは良観房忍性と解釈される（日本古典文学大系版該当箇所の頭註による）。

問題は「物語」という言葉である。先行研究では、「編纂された書物」と解してきたが、忍性の著作が一切伝わらない現況では、「談話。ある出来事についての物語」（『日葡辞書』邦訳版、四二〇頁）

と解釈するのが妥当であろう。すなわち「生馬論識房の話」は、忍性の絵解きを記録したものであり、地蔵が一旦亡くなった主人公を冥途より救済し、現世に生き返らせてくれる話である。

> 大和国生馬（いこま）（現・奈良県生駒市）に、論識房という僧がいた。法相宗の学生（がくしょう）で説教などをしていた。…亡くなった後、讃岐房という弟子に、庵室を譲った。讃岐房は病気になって亡くなった。一日一夜を経て生き返り、冥途の事を語った。「閻魔王宮に行って、…しばらくして錫杖の音がして、地蔵菩薩が走り通ったので、地蔵にすがりついて『助けてください。…』といった。地蔵は『さあさあ』といって、私を閻魔王の御前に連れて行った。…結果、生き返った」と。上人が語った物語である。上人には論識房の弟子たちが会っている。最近の出来事である。
>
> （日本古典文学大系版、一一〇～一一一頁）

右のように忍性は、地蔵を冥途より救済してくれる菩薩と位置づけ、布教に活用していたのである。なお、忍性が律院化した極楽寺（現・茨城県つくば市小田）の跡地には湯地蔵が現存する。湯地蔵は銘文から一二八九年（正応二）造立とされる。これであれば忍性在世中である。これ以外にも現・神奈川県箱根町等、忍性の関係した場所には地蔵像が造立されている。関東地方にみられる石造丸彫地蔵像という形式は西大寺流真言律宗が持ち込んだ形式とされる（桃崎祐輔「律宗系文物からみた東国の律宗弘布の痕跡」『戒律文化』第二号、二〇〇三年）。

以上、南都系諸師の地蔵信仰を分析した。いずれも、地蔵を死者救済の菩薩と位置づけていた。

（二）天台宗

（一）で取り上げた貞慶・良遍・忍性、いずれも南都仏教の系列であるので、（二）では天台宗を取り上げる。天台僧である頼教（生没年不詳）『地蔵菩薩霊験絵詞』（南北朝時代成立）には、地蔵が冥途より救済してくれる話が多数ある。例えば、上巻第五話には、以下のようにある。

この女は、重い病気になって亡くなった。…一、二日を経て、生き返った。しばらくして正気に戻った。女はいった。「亡くなった後、閻魔王宮と覚しき所に行ったが、あまりの恐怖に言葉を失った。その時、私が普段お仕えしていた地蔵がいた。閻魔王は驚いて『どうしてここにいるのか』と地蔵に聞いた。地蔵は、『この女性は私を深く信仰している者である。私に任せてほしい』と。…閻魔王は、『この人を許せ』と部下にいった。地蔵は悦びの涙が止まらなかった。地蔵が私の手を引いてくれたと思うと、現世に生き返った」と。

（古典文庫『地蔵霊験記絵詞集』、一七〜一八頁）

中巻第三話には以下のようにある。

伊勢国（現・三重県）に僧がいた。名を重慶といった。僧には、一四、五歳ばかりの男子がいた。重慶の家の前に、板卒塔婆（梵字で種子や経文が書かれる、塔形の細い板）があり、「南無地蔵菩薩」と書いてあった。この男子は、いつも何となく、拝んでいた。ある時、突然、この男子は亡くなり、冥途に赴いた。鬼が四、五人現れ、男子を打ちたたいた。…とある僧が現れ、鬼が男子に刺した釘も矢も易々と抜いてくれた。僧は「私と帰ろう」といった。男子は大変嬉しくて、「私を助けてくれた、この人は誰だ」といったところ、僧は「私はあなたの家の前にある板卒塔婆に書かれている地蔵です」といって去ってしまった。（前同、二七～二八頁）

なお、同書は、頼教→継存（生没年不詳）→栄舜（生没年不詳）と天台僧に継承されたが、織田信長による比叡山焼き討ち（一五七一年〈元亀二〉）の後、東寺（教王護国寺、真言宗、現・京都府京都市南区）に保管された。

天台宗の史料として、もう一つ、天台僧舜海（生没年不詳）が編集した『延命地蔵経聞書』（一五四〇年〈天文九〉書写）があげられる。同書は、天台宗系直談物（じきだんもの）（唱導用テキスト）の一つである。牧野和夫によって活字化されている（「翻印『延命地蔵経聞書』」『文藝論叢』第四四号、一九九五年）。同書は、常陸国月山寺（現・茨城県桜川市に現存）を中心に、関東地方の布教に活用された。同書には、注釈のほか、説話が計八話収められている。各話を簡潔に紹介する。

第一話は、『応験記』（第一章第三節前述）第一〇話の類話であり、主人公が冥途から地蔵によって救済され現世に生き返る話である。第二話は、『応験記』第九話の類話であり、主人公は西方浄土へ往生している。第三話は、『応験記』第三二話の類話であり、主人公が地蔵によって冥途から救済され現世に生き返る話である。第四話は、『今昔』第一七巻第二四話の類話であり、主人公が冥途から地蔵によって救済され現世に生き返る話である。第五話は、「破地獄偈[33]」の話であり、地蔵が偈を教えることで、主人公が冥途から現世に生き返る話である。第六話は、『応験記』第七話の類話であり、地蔵によって病気が治る話である。

『地蔵菩薩霊験絵詞』・『延命地蔵経聞書』の両書をみると、地蔵は主に冥途からの救済者とされている。言い換えれば、地蔵を死者救済の菩薩と位置づけていた。

（三）真言宗

真言宗に関しても、地蔵信仰があったことをまずは確認する。

本山である高野山において地蔵像が作られることがあった（高野山霊宝館編『高野山の菩薩像』一九九五年、高野山霊宝館、一三～一四頁）。また、高野山で地蔵説話集が作られた形跡がある（坂井衡平『増訂　今昔物語集の新研究』一九六五年、名著刊行会、六五七頁）。本章第一節（四）前述のごとく、高野聖（真言宗系の唱導僧）は、閻魔王の本地仏を地蔵とする思想を内包した十三仏を布教していた。ゆえに高野聖が布教に際し、地蔵を活用したこともあったと想定される。そして十三仏を布教する過程においては、地蔵を死者救済の菩薩と位置づけていたと考えられる。

（四）小　結

以上、鎌倉時代の宗教界において数的主流であった顕密仏教各派の地蔵の位置づけを見てきた。顕密仏教各派いずれも、地蔵を死者救済の菩薩として位置づけていたのである。ただし、現世利益の役割が捨象されていたわけではない（本章第五節後述）。

第四節　説話・来迎図・板碑　付 六地蔵参

中世の地蔵信仰の全体像を考えるに、仏教各宗派の分析だけでは不十分である。まず確認しておけば、中世において、仏教各宗派は確固とした存在ではなかった。唱導僧たちは宗祖の思想にこだわらず（言い換えれば宗派の教学にこだわらず）、地域の人々の要望に応える形で布教活動を行っていた。前節までの論述はあくまで仏教各宗派の傾向を述べたにすぎない。中世の地蔵信仰の全体像を考えるためには、説話・来迎図・板碑等、仏教各宗派の史料とは異なる史料も考察する必要がある。

（一）説　話

まず説話について考えたい。中世地蔵説話においても地蔵は依然、西方浄土への引導者とされる。具体的には、『宇治拾遺物語』第一巻第一六話・法然寺旧蔵『地蔵縁起』（鎌倉時代成立）・『熊野の御本地のさうし』（室町時代成立）・『子やす物語』（室町時代成立）等である。「西方浄土への引導を行う地蔵」という位置づけは『今昔』地蔵説話と共通している。ただし、『今昔』地蔵説話と異なり、地蔵が天へ引導する話もある。虎関師錬（一二七八～一三四六）『元亨釈書』（一三二二年〈元亨二〉成立）第九巻第一五話には以下のようにある。

尼智泉は弘法大師の姪である。たいへん親孝行であったが、母は亡くなってしまった。智泉は悲しんだ。智泉は諸仏に祈った。「母がどこに生まれ変わったのかを知りたい」と。数年の後、智泉は夢においてお告げを受けた。「あなたの母は地獄に堕ちている」と。智泉はますます悲しみ泣いた。智泉は僧に聞いた。「私の母は地獄にいる。どうすれば母は地獄から救済されますか」僧はいった。「破地獄偈を唱えれば、必ず地獄から脱出できる」と。智泉は僧に「破地獄偈を教えて欲しい」といった。僧は破地獄偈を教えた。夢から覚めた後、智泉は一生懸命、破地獄偈を唱えた。ある夜、夢を見た。母がきれいな服を着ていった。「私は、あなたが私のために追善供養を行ってくれたので、ただ今、天に往生する」と。（『国訳一切経』史伝部第一九巻、一八一頁）

玄棟（生没年不詳）『三国伝記』（一五世紀前半成立）第五巻第三話には以下のようにある。

この頃、粟田口（現・京都府京都市東山区）に老女がいた。縁あって一度、地蔵講に参加した。その後、病気になって亡くなった。閻魔王のいる冥府（死者を裁く裁判所）に到着した。倶生神（閻魔王の部下で、人の善悪を記録する神）の持つ札（ふだ）には生前行った善行の記述が削除されており、生前の悪業がすべて記されていた。…冥府に僧が現れた。その僧は、老女に向かっていった。「私は白川（鴨川の支流）の地蔵である。あなたが一度、地蔵講に参加してくれたので、なんとか、閻魔王に罪を許してもらうよう私からとりなし、あなたを現世に帰れるようにします」と。地蔵が持っていた杖で自身の背中を打ったかと思うと生き返っていた。杖の跡に「兜率」という文字が見えた。この話を聞き、白川の地蔵に結縁しようと多くの人々が集まった。この老女は、地蔵講に参加することで、地獄の大苦を免れ、兜率天に往生したのである。弥勒のいる兜率天に往生するということは、たいへん尊きことである。[34]

（中世の文学・上巻、二五三〜二五五頁）

両話とも死後、一旦、地獄に堕ちる（もしくは堕ちそうになった）が、地蔵の引導により天へ生まれ変わることができた話である。天への引導こそ『地蔵十輪経』に記された、もともとの地蔵の役割であった（第一章第一節前述）。『応験記』にも天へ引導する話があった（第一章第三節（一）前述）。日本において地蔵と天との結びつきが継承されていたことが、中世の説話からわかるのである。

『今昔』地蔵説話と同様、冥途・地獄からの救済話もある。さきに引用した話以外にも、『宝物集』第四巻の一節、『宇治拾遺物語』第三巻第一二話・第三巻第一三話・第五巻第一三話・第六巻第一話、『撰集抄』（一二五〇年〈建長二〉頃成立）第九巻第三話、『三国伝記』第七巻第八話、『沙石集』第二巻

第六話（本章第三節（二）前述）、『雑談集』第六巻の一節、源顕兼（一一六〇～一二一五）『古事談』（一二一二年〈建暦二〉頃成立）第三巻第二九話・第三巻第三二話、『元亨釈書』第九巻第一九話・第一八巻第七話・第十九巻第一二話・第一九巻第一三話等がこれに当たる。『宝物集』第四巻の一節を引用する。

色紙漉き(すき)は、病に罹り(かかり)亡くなってしまった。冥途にて恐ろしき鬼に捕えられ、閻魔王宮へ連れて行かれた。一人の僧が現れ、閻魔王に事情を説明した。結果、色紙漉きは許された。僧は色紙漉きに帰り道を教えてくれた。…あまりの嬉しさに、「このような事をしてくれた、あなたは誰ですか」と聞いた。僧はいった。「私は、冷泉河原のほとりにいる地蔵である。あなたは私を一年に一度供養してくれた。たいへん嬉しかった。今回は道理に合わないことなので、閻魔王に掛け合って許してもらった」と。

（新日本古典文学大系『宝物集　閑居友　比良山古人霊託』一七九～一八〇頁）

なお、『宝物集』では、地蔵は閻魔王になって地獄の罪人を救う存在としている（本章第一節（四）前述）。『宝物集』はこれ以外に、地蔵が田植えを代行したと思わせる話がある（姿は明示されていない）。

『酒呑童子』（南北朝時代成立）には、「地獄で地蔵に会ったよう」という比喩が述べられている。当然、その意味は「危機のなかの幸運」である。地蔵が地獄の救済者として認識されていた証拠となるであろう。

地獄の罪人が地蔵菩薩に会ったような心持ちがする。この嬉しさは譬えることができない。

（新編日本古典文学全集『室町物語草子集』、三一六～三一七頁）

以上、見てきたとおり、説話においても地蔵は死者救済の菩薩として位置づけられていた。

（二）来迎図・板碑等、説話以外の史料

説話は伝承を記録したものであり、説話に見られる地蔵観を中世一般のものと普遍化することは早計である。そこで説話以外の史料における地蔵を略述する。

浄土信仰の隆盛により、中世では来迎図が多数作られている。来迎図とは、亡くなった人を天や西方浄土に引導するため、仏が迎えに来る様子を描いたものである。阿弥陀仏が迎えに来る阿弥陀来迎図が一般的である。阿弥陀来迎図には阿弥陀仏とは別に地蔵が描かれることもある。例えば、西来寺本（鎌倉時代成立、現・三重県津市乙部）、浄蓮寺本（室町時代成立、現・愛知県津島市東柳原町）等である。阿弥陀来迎図に地蔵が描かれるということは、西方浄土へ引導する阿弥陀仏の従者として地蔵が位置づけられているということを意味する。

絵1　兵庫県立歴史博物館所蔵本「熊野観心十界曼荼羅」、小栗栖健治『熊野観心十界曼荼羅』図版76より引用。

また、地蔵のみ描かれた来迎図（地蔵独尊来迎図）も数多く存する。地蔵独尊来迎図は、地蔵が人々を西方浄土へ引導する役割を表している。例として東京国立博物館蔵「地蔵独尊来迎図」（鎌倉時代成立）、奈良国立博物館蔵「春日地蔵曼荼羅」（鎌倉時代成立）等が挙げられる。「春日地蔵曼荼羅」は、春日野にあると信じられた地獄に堕ちた興福寺の僧を地蔵が西方浄土へ引導した話をもととしている。

中世は死者救済[35]を目的として、板卒塔婆が造立される時代でもある。板卒塔婆を石で作ったものが板碑（いたび）である。板碑は関東地方を中心に造立された。板碑のなかには地蔵が刻まれることがあった。例えば現・埼玉県行田市にある盛徳寺（真言宗）にて祀られている板碑である（鎌倉時代造立）。板碑に地蔵が刻まれるということは、地蔵に死者救済の願いを託しているということである。

種々の「熊野観心十界曼荼羅」には、賽の河原と覚しき場所で子どもを救済する地蔵が描かれている［絵1］。「熊野観心十界曼荼羅」とは、熊野信仰を唱導する熊野比丘尼が主に女性相手に絵解きの際に使った絵である。現存する諸本はいずれも江戸時代のものだが、原型は一六世紀には成立していたとされる（小栗栖健治『熊野観心十界曼荼羅』二〇一一年、岩田書院、二四八頁）。地蔵の死者救済の役割が中世を通して継承され、「熊野観心十界曼荼羅」においては、夭死者を救済すると説かれたのである。なお地蔵の、夭死者を救済する役割は江戸時代に継承され、さらに現代にまで継承されるが、このことについては第五章第一節で述べる。

以上、来迎図・板碑等、説話以外における地蔵を略述した。いずれにおいても地蔵を西方浄土への引導や地獄からの救済を行う存在としていた。言い換えれば、地蔵を死者救済の菩薩と位置づけていたのであった。

（三） 六地蔵参

本四節の最後に、京都における六地蔵参（現在の六地蔵めぐり、第四章第二節（二）後述）の発生を考察したい。六地蔵参は、京都の入り口、六ヵ所の地蔵像に参詣するものである。『源平盛衰記』（鎌倉時代成立）第六巻によると、西光（俗名　藤原師光、？～一一七七）が自身の逆修（生きている間に自身の死後の救済をあらかじめ祈る仏事）を目的として始めたものとされる。

西光は、尊い願を発し、京都の入り口七ヵ所各々に六体の地蔵像を造立した。…これを廻り地蔵と名づけ、七ヵ所に祀った。西光はいった。「私は、現世で仏教を信ぜず、日々、罪を重ねた。亡くなった後は地獄に堕ちるだろう。生前に何も仏事を行ってないので、地獄に堕ちるだろう。このようであるため、ただ地蔵を頼むのみである」と。西光はこのような願を発し、六体の地蔵像を七ヵ所に祀った。七ヵ所とは四宮河原・木幡の里・造道・西七条・蓮台野・御菩薩池（みぞろがいけ）・西坂本である。

（中世の文学・第一巻、二〇〇頁）

『百練抄』[36]（一三世紀末成立）における一一七三年（承安三）三月一〇日条から、西光が京都の入り口七ヵ所に六地蔵を祀るようになったことはある程度、史実と考えられている（山路興造「京都府の盆行事」文化庁文化財保護部『盆行事』Ⅲ、一九九八年）。

ここから、室町時代、京都六ヵ所に祀られた地蔵像を参詣する風習が生まれる。ただし、その六ヵ所は、西院・壬生寺・矢田寺[37]・星光寺・清和院・蔵珠院であり、西光が設置した場所と異なる。この六地蔵参の目的は、死者救済であったと考えられる。この解釈の根拠は、六地蔵参には風流踊（ふりゅう）（華美な服装を身につけて群舞する芸能）が付きものであり、風流踊は災厄をもたらす死者を供養することを一目的とする（大森惠子『踊り念仏の風流化と勧進聖』二〇一一年、岩田書院、一四八頁）。

一四一五年（応永二二）七月二四日。地蔵参詣が例年通りに行われた。風流踊等があった。

（満済[38]『満済准后日記』、続群書類従版上巻、七四頁上段）

一四二六年（応永三三）七月二三日…明日は地蔵参詣の日である。風流踊を見物する予定である。二四日。…今日は地蔵参詣の日である。風流踊の行列は嵯峨より始まったといわれている。舟等、種々の造物（つくりもの）は大変華やかであった。

（前同、三七〇頁下段）

一四二七年（応永三四）七月二四日。…地蔵参詣の人々の数は、例年に比べるとかなり少ない。北山より風流踊が始まった。（前同、四四三頁上段）

上記史料の「地蔵参詣」が六地蔵参かどうかは当該箇所からだけでは断定できない。しかし、『満済准后日記』にはさらに以下のようにもある。

一四二三年（応永三〇）七月二四日。…六地蔵参詣の人の数は、洪水のため、例年より少なかった。（前同、二四五頁下段）

『満済准后日記』のいう「地蔵参詣」は七月二四日に行われるものであり、同日に行われた六地蔵参と同一であったと解釈できる。前述のごとく風流踊は、災厄をもたらす死霊を鎮めることを一目的とした。災厄をもたらす死霊とは、言い換えれば、この世に未練を残して亡くなった非業の死者の霊である。風流踊を伴う京都の六地蔵参は死者救済を目的としていたといえる。風流踊と六地蔵参との連動は、地蔵の死者救済の役割を媒介として生じたと想定される。

なお、一五世紀の京都において盛んに行われた六地蔵参は、一五〇〇年以降、史料に見えない。応仁の乱（一五世紀後半）以降、京都は混乱し、六地蔵参どころではなくなったと想定される。

（四）小　結

説話等の史料を分析した結果、仏教各宗派における位置づけ同様、地蔵は死者救済の菩薩と位置づけられていたことがわかった。『今昔』に見られた地蔵の死者救済の役割は、中世にまで継承されたのである。

第五節　現世利益

無論、中世においても地蔵の現世利益の役割は存する。各宗派がしのぎを削る中世において、唱導僧は自身と関連する寺の、特定の地蔵の現世利益を唱導するようになる。

例えば、奈良金剛山寺蔵『矢田地蔵縁起』（一三世紀成立）には以下のようにある。

この縁起にいう地蔵とは、当寺に祀っている地蔵像のことである。その後も、この地蔵像は種々の霊験を示した。

（『新修日本絵巻物全集』第二九巻、六五頁中段）

この地蔵像を祀る寺は、当時は矢田寺と呼称されたが、現在は金剛山寺が正式名称である。現・奈良県大和郡山市矢田町に真言宗寺院としてある。

また、『今昔』第一七巻第三話（第二章第二節（三）にて引用）の類話である、『江州安孫子庄内金台寺矢取地蔵縁起』（一四五三年〈享徳二〉成立）では、当該の地蔵像が金台寺に祀られていることを述べた上で、当該の地蔵像の現世利益を強調している。[39]

平諸道軍では矢を射尽くしてしまった。氏寺の地蔵を念じたところ、にわかに小さな法師が戦場に現れて、諸道の父に矢を与えた。…この後、岩倉山にお堂を建て、この地蔵像を祀るようになった。現在は金台寺で祀っている。隣村と水争いの際、戦いとなってもこの村はいつも勝利を収める。これはこの地蔵の現世利益による。この地蔵の現世利益は世に知られている。

（古典文庫『地蔵霊験記絵詞集』、一一九頁）

『今昔』第一七巻第三話においては寺の名前が明示されていなかった。したがって、同話から地蔵像を特定することは困難である。これに対し、『江州安孫子庄内金台寺矢取地蔵縁起』では特定の寺に祀る地蔵像に祈ったため、矢が補給されている。すなわち特定の地蔵像の現世利益を鼓舞しているのである。

逆に最初は特定の地蔵像の役割だったものが、後に他の地蔵像もその役割を担うようになることもある。代表例として、勝軍地蔵を取り上げたい。

勝軍地蔵は、その名のとおり信仰すると戦いに勝つという地蔵である。戦国時代以降、日本各地で祀られている。しかしながら、この呼称は『地蔵十輪経』・『地蔵本願経』・『応験記』・『今昔』・『宝物集』等、平安時代以前の文献には見られない。この呼称の文献初出は、現・京都府京都市東山区にある清水寺のものであり、その時期は、一二二一年（承久三）五月である。

二八日、清水寺の僧等が、勝軍地蔵像および勝敵毘沙門像を供養した。聖覚法印[40]を導師とした。

（『承久三年四年日次記[41]』一二二一年〈承久三〉五月条。『大日本史料』第四編第一六巻、五五〜五六頁）

供養の目的は、承久の乱（一二二一年五月）の戦勝祈願（後鳥羽上皇側）である。これ以前は清水寺であっても、勝軍地蔵とは呼ばれていない。これ以前に成立した『清水寺建立記』（一一世紀前半成立）には、以下のようにある。

坂上田村麻呂[42]を大将軍として東北地方に派遣した。…延鎮[43]は特に信心を発した。『大般若経』一部を書写し、地蔵像一体・毘沙門像一体を造立した。

（鈴木学術財団『大日本仏教全書』第八三巻、一七八頁中段）

すなわち、一二二一年（承久三）に勝軍地蔵という名称が清水寺で生じたのである（黒田智「勝軍地蔵と「日輪御影」」『中世肖像の文化史』二〇〇七年、ぺりかん社）。なお、清水寺では勅命による夷狄（いてき）征伐という大義名分で片方に加担する地蔵を合理化していた。

坂上田村麻呂はいった、「私は、勅命を受け、夷狄征伐に向かう」と。

（『清水寺建立記』。前同、一七八頁中段）

以上のように勝軍地蔵は、承久の乱を契機に清水寺で誕生したと考えられる。

室町時代になると、足利将軍家が勝軍地蔵を信仰するようになる。室町幕府を開いた足利尊氏（一三〇五～一三五八）は、勝軍地蔵を信仰していた（辻善之助「足利尊氏の信仰」『日本仏教史研究』第二巻、一九八三年、岩波書店。八木聖哉「足利尊氏と地蔵信仰」『博物館学年報』第二八号、一九九六年）。尊氏はもともと地蔵を信仰しており、守り本尊とし、地蔵を描くことを日課としていた[44]。加えて、尊氏は清水寺の観音も信仰していた（辻善之助「足利尊氏の信仰」前掲）。こうした諸因から尊氏は勝軍地蔵を信仰するようになったと考えられる。ただし、尊氏や足利将軍家が清水寺の勝軍地蔵と特にかかわりを持ったことを示す史料は見当たらない。

足利尊氏の勝軍地蔵信仰は、二代将軍足利義詮（一三三〇～一三六七）・三代将軍足利義満（一三五八～一四〇八）・四代将軍足利義持（一三八六～一四二八）に受け継がれる（黒田智「勝軍地蔵信仰と足利氏」『中世肖像の文化史』前掲）。また、最初に甲冑をまとう勝軍地蔵を作ったのは、九代将軍足利義尚（一四六五～一四八九）であった（黒田智「勝軍地蔵の誕生」加須屋誠編『図像解釈学―権力と他者』二〇一三年、竹林舎)。

　足利将軍家の勝軍地蔵信仰は守護大名・戦国大名へと広まり、さらにその家来に伝わる。例えば、尾張国守護代の家来である、前田利家(加賀藩初代藩主、一五三八～一五九九)が信仰するに至るのである。信仰が広まる過程において、勝軍地蔵像が全国各地で祀られるようになっていった。

第六節　地蔵の姿

『今昔』地蔵説話において、地蔵は小僧という生きている人間の姿で現世・冥途に現れていた(第二章第二節(四)前述)。では、中世ではどうだろうか? 中世の地蔵説話でも概して、小僧の姿である。ただし、時に老僧の姿で現れることがある。その一つが無住『聖財集』(一二九九年〈正安元〉成立)に収める以下の説話である。


　その夜の寅時(午前四時)頃、平清盛は夢を見た。その夢では、老僧(地蔵の化身)が金の二股の杖によって、清盛ののどを押さえた。老僧は「貞守といった首切りたちは、清盛の首を絞めて殺そうといっていたのであなたを助けました」といい、二股の杖を外した。夢から覚めたところ、清盛は汗をかいていた。

(『無住集』、四〇〇頁下段)

もう一つが、東京国立博物館蔵『清水寺縁起絵巻』（一五二〇年〈永正一七〉成立）である。

坂上田村麻呂が戦場に出る時、どこからともなく老僧一人（地蔵の化身）及び老翁一人（毘沙門の化身）が現れた。その容貌は端正にして豪傑である。…老僧は田村麻呂の前に立って敵の矢が雨のごとく降ってくるのを法衣で防御した。（『続々日本絵巻大成』第五巻、詞書、一六九頁上段）

中世において神が現世に現れる姿は童子もしくは翁とされており、童子と翁とは相通ずる存在とされていた（黒田日出男「「童」と「翁」」『境界の中世　象徴の中世―日本中世の老人と子どもをめぐって』一九八六年、東京大学出版会）。以上の二例において、地蔵は小僧ではなく老僧の姿を取っている。また絵画では、地蔵が大人の等身大で現されるようになってきている。例えば、根津美術館蔵『地蔵霊験記絵』（室町時代成立）では、大人の大きさの人物が左右に割け、なかから等身の地蔵が現れている［絵2］。詞書には以下のようにある。

地蔵房は、峰に登った。そこで身は頭頂部より左右に分かれて、衣を脱ぐようであった。すると、等身の地蔵菩薩が、大変立派な姿で現れた。（『新修日本絵巻物全集』第二九巻、六〇頁上段）

地獄絵（地獄の世界やそこで苦しむ人々を描いた絵）において、地蔵が大人の等身大よりやや大きく

絵2　根津美術館蔵『地蔵霊験記絵』、『新修日本絵巻物全集』第29巻、カラー図版8より引用。

絵3　奈良金剛山寺蔵『矢田地蔵縁起』、『新修日本絵巻物全集』第29巻、カラー図版10より引用。

描かれることもある。奈良金剛山寺蔵『矢田地蔵縁起』（一三世紀成立、本章第五節前述）、出光美術館蔵「六道絵」（一六世紀成立）や種々の「熊野観心十界曼荼羅」（原型は一六世紀成立、本章第四節（二）前述）がこれに該当する。

この変化は、絵解きにおいて、救済者である地蔵が小さい姿であると不都合であったことが一因であろう。例えば、矢田寺（本章第五節前述）の本尊である地蔵立像は、高さ約一五六センチであり、高さ約三〇センチの台の上に乗っている。これゆえ、当該の地蔵の縁起を描いた『矢田地蔵縁起』では、地蔵は大人の等身大よりもやや大きく描かれているのである［絵3］。

なお、中世では生きている人間の姿を取った地蔵が直接的に救済してくれると説かれることが一般的であった。例えば『沙石集』第二巻第五話には以下のようにある。

僧都は病が重くなり、日数を経て看病人も休んでいた時、若き美しい僧が、熱心に看病してくれた。僧都は看病してくれる僧が誰だかわからなかった。二、三日このようなことが続いた。毎日看病してくれるので、僧都は「あなたは誰ですか」と尋ねたが、僧は答えてくれなかった。僧の姿は他の人には見えなかった。事の子細を聞いて、弟子たちは「地蔵菩薩が看病してくれているに違いない」といったところ、僧都は「そうかもしれない。というのも僧は錫杖を担いで帰っていったからである。ありがたいことだ」といって涙をおさえることができなかった。

（日本古典文学大系版、一〇三頁）

この話では、地蔵が生きている人間の姿となって現れ、直接的に看病してくれたのである。これに対し、『観音利益集』（鎌倉時代後期成立）において子どもの病気を観音が治してくれる話は以下のとおりである。

河内国渋川郡(45)に佐大夫という人が居た。佐大夫の一人息子は重病となった。…ある時、どこからともなく、一人の童子が来ていった。「試みに加持してみよう」と。佐大夫は喜んで了承した。すぐに童子が千手陀羅尼（千手観音の功徳を述べた呪文）を唱えたところ、病はたちまちに治った。さまざまの物を布施として童子に与えようとしたが、童子は一切受け取らなかった。ただ提げ鞘（腰から下げる鞘）の小刀のみ受け取った。佐大夫とその妻はいった。「どのようにしてこの恩に報いようか。あなた様は普段、どこにいるのか」と。「私は紀伊国那賀郡にある粉河寺[46]にいる」といって帰った。…粉河寺には金色の千手観音の像が立っていた。よくよく見ると、かつて童子に布施としてあげた提げ鞘の小刀が、観音像の手に掛かっていた。

（第一話、古典文庫『中世神仏説話』一四八〜一五〇頁）

この話では、粉河寺の観音像が生きている人間の姿となって現れ、病気を治すが、その方法は千手陀羅尼を唱えるというものであり、直接的に看病をしてくれるわけではない。中世において生きている人間の姿を取って現世に現れることは地蔵の専売特許ではなく、他の仏・菩薩でもありうる。しかしながら、生きている人間の姿を取って直接的に救済してくれることは地蔵に顕著である。

まとめ

鎌倉時代は荘園制の時代であったが、これに続く室町時代は荘園制が崩れ出す、激動の時代である。荘園制が崩れ出すことで、顕密仏教諸寺院の力が弱まり、その一方で、武士や農民の力が強まった。武士や農民を檀那とすることを一因として、浄土宗・禅宗等新宗派が全国に普及していった。新宗派は時に地蔵の死者救済の役割を活用することで布教活動を行っていった。これに対抗する顕密仏教も時に地蔵の死者救済の役割を活用していた。

しかしながら、中世の地蔵信仰は平安時代の地蔵信仰をそのまま継承したわけではない。『今昔』地蔵説話では、地蔵は「小僧」の姿で現れていたが、中世においては絵解きの都合で、人間の大人のような大きな姿で現れるとされることもあった。また、平安時代においては地蔵一般の利益が説かれていたが、中世においては、「〇〇寺の地蔵像」といった形で「特定」の地蔵像の利益を唱導するようになっていった。

註

（1）無住は、『沙石集』・『聖財集』・『雑談集』などの説話集を編集した僧である。その活動は特定の宗派に限定されない。

（2）『無量寿経』・『観無量寿経』・『阿弥陀経』の三経をまとめて浄土三部経という。いずれも浄土宗系宗派で重視される経典である。

（3）本文で言及した以外にも、例えば、西方浄土に往生した後に成仏するための行として肯定される（清水邦彦「法然浄土教における地蔵誹謗」『日本思想史学』第二五号、一九九三年）。

（4）唱導僧という言葉については第一章註（5）参照。

（5）ただし、引用箇所は、「添状（そえじょう）」（補足）の箇所であり、貞慶が書いた箇所かどうかは疑わしい。森新之介「興福寺の訴訟と専修念仏者への朝譴」（『摂関院政期思想史研究』二〇一三年、思文閣出版）。

（6）当然のことであるが、親鸞が現世で聖徳太子に会ったわけではない。親鸞が聖徳太子と会ったのは六角堂（現・京都府京都市中京区）に籠もった際の、夢の中である。中世において夢は、神仏がメッセージを伝える場である。池見澄隆『中世の精神世界　死と救済　増補改訂版』（一九九七年、人文書院）。カラム・ハリール『日本中世における夢概念の系譜と継承』（一九九〇年、雄山閣出版）。

（7）本願寺は浄土真宗の本山とされる寺だが、江戸時代以降、西本願寺（現・京都府京都市下京区）と東本願寺（現・京都府京都市下京区）とに分かれている。

（8）版によっては絵の箇所に本地仏の名前が記されている。

（9）隆堯は天台宗の僧という説もあるが、これは著作に「天台僧隆堯」と記すことがあったためである。本書は玉山成元『中世浄土宗教団史の研究』（一九八〇年、山喜房佛書林）にしたがい、浄土宗の僧とした。

（10）二尊院は法然ゆかりの寺であり、中世においては浄土宗であった。現在は天台宗である。

（11）『注十王経』原本に頁数の明記がなかったため、筆者が仮に数えた頁数である。

（12）地蔵堂および地蔵像を祀る寺は、地蔵の死者救済の役割から現世と来世との境界であったと解釈できる。それゆえ、一遍にとって地蔵は死者救済の菩薩として積極的な意味があったとする解釈もある。松岡心平「演劇としての宗教―時宗〈四条道場論〉」（『宴の身体―バサラから世阿弥へ』二〇〇四年、岩波書店）。

（13）福田寺はもともと現・神奈川県箱根町にある精進湖の畔にあったとされる。

（14）この「良観」を本章で言及する西大寺流真言律宗の僧「良観房忍性」に当てる説が一時期あったが、現在は否定されている。増補者良観は、江戸時代前期に『三国因縁地蔵菩薩霊験記』を増補・編集した以外、三井寺（園城寺、天台寺門宗、現・滋賀県大津市園城寺町）の僧であることしかわかっていない。

（15）編者実睿に関しては不詳。現存本『地蔵菩薩霊験記』には漢文を書き下したと思われる文言があること、および『今昔』地蔵説話に漢文体『地蔵菩薩霊験記』（現存せず）を引用したと思われる箇所があることから、『今昔』成立以前に実在した人物と考えられる。『今昔』第一七巻第一二話に言及される「三井寺の僧、実睿」を当てる説が有力である。

(16)『地蔵菩薩霊験記』現存本は二種類ある。群書類従に収められた二巻本(上・中巻、下巻は欠)と『三国因縁地蔵菩薩霊験記』に内包される三巻本である。『三国因縁地蔵菩薩霊験記』は全一四巻からなり、一四巻本と呼ばれることがある。第一~三巻が実睿『地蔵菩薩霊験記』、第四~一四巻が良観続編である(良観については註(14)参照)。群書類従本上巻と『三国因縁地蔵菩薩霊験記』第一巻はほぼ同一である。群書類従本中巻と『三国因縁地蔵菩薩霊験記』第二巻も同様にほぼ同一である。『三国因縁地蔵菩薩霊験記』は古典文庫に影印本が収められている。また、注釈付き活字本が榎本千賀・他編『一四巻本地蔵菩薩霊験記』として三弥井書店より出版されており、本書でも引用した。

(17)曾我十郎祐成(一一七二~一一九三)・曾我五郎時致(一一七四~一一九三)の兄弟である。兄弟で父の仇討ちを行った。仇の工藤祐経(一一四七?~一一九三)を討った際、祐成は亡くなるが、時致は源頼朝(一一四七~一一九九)の宿所襲撃を試みて失敗、死罪となった。後世、『曾我物語』(原型は南北朝時代成立)等、曾我兄弟を題材とする文学作品・芸能が多数生じた。

(18)寺院数を根拠とする。信者数であれば、日蓮宗の方が多い。

(19)岩波文庫該当箇所の脚註による。

(20)通例により「弁道話」を『正法眼蔵』に含めた。「弁道話」は一二三一年(寛喜三)頃の説法を記録したものである。

(21)大乗寺は中世において現・石川県野々市市本町にあったが、一五八〇年(天正八)、柴田勝家軍により焼失した。その後、紆余曲折を経て、現在は石川県金沢市長坂町にある。

(22)永光寺・総持寺ともに「創建」といっても、もともと寺もしくは堂のようなものがあり、それを再建・改宗したかたちである。佐藤俊晃「石動山信仰と能登瑩山教団」(『宗教学論集』第一二号、一九八五年)。

(23)広善寺については不詳である。『応験記』第一話において放光菩薩を祀っていたのは善寂寺であった(第一章第三節（四）にて言及）。音が似ている興禅寺（現・西安市）ではないか、という説もある（東隆眞「諸巖山総持寺の開創」『太祖瑩山禅師』一九九六年、国書刊行会）。

(24) 瑞巖は峨山の弟子、無端（?～一三八七）の弟子である。無端は越前国祥園寺の開山とされる。同寺は現在、不詳であり、江戸時代の記録にすら見当たらない。創建後、早くに廃れてしまった可能性がある。

(25) 『顕教経』については不詳である。

(26) 高峰東晙は生没年不詳であり、江戸時代中期に活躍した臨済宗の僧とされる。

(27) 心平寺地蔵の写真が、村井章介編『東アジアのなかの建長寺』に口絵8として掲載されている。

(28) 『日葡辞書』については第一章註（5）参照。

(29) かつては、鎌倉新仏教に対比する存在として、天台宗・真言宗等をまとめて鎌倉旧仏教と呼んでいた。例えば日本思想大系には『鎌倉旧仏教』（一九七一年、岩波書店）という本があり、本章でも引用した。しかし、激動の中世において、天台宗等が旧態依然としていたわけでないので、一九九〇年代以降、「顕密仏教」と呼び方が変わった。

(30) 地蔵講に関しては第二章註（2）参照。

(31) 系譜を示すと「貞慶―覚盛（一一九四～一二四九）―良遍」となる。

(32) 末法に関しては第一章註（4）参照。

(33) 破地獄偈に関しては第一章第三節（二）にて前述した。

(34) 兜率天に関しては第一章註（7）参照。

(35) この場合、逆修（生きている間に自身の死後の救済をあらかじめ祈る仏事）を含む。

(36) 『百練抄』に関しては第二章註（3）参照。

(37) 矢田寺は現在、京都府京都市中京区にある浄土宗寺院である。もともとは本章第五節で言及する金剛山寺

（真言宗、現・奈良県大和郡山市）の別院であったが、後に独立した。戦国時代以前、寺は転々としており、室町時代においてどこにあったのか、詳細は不明である。

(38) 満済（一三七八～一四三五）は真言宗の僧（醍醐寺の門跡）であるが、足利義教（一三九四～一四四一）を六代将軍に擁立する事に関わる等、幕政に深く関与した僧でもある。

(39) 金台寺に関しては第二章註（6）参照。

(40) 「聖覚法印」は安居院（あぐい）の唱導師、聖覚法印（一一六七～一二三五）の可能性が高いが断定はできない。

(41) 『承久三年四年日次記』の著者は不明であるが、仁和寺（にんなじ）（真言宗、現・京都府京都市右京区）の僧が書いた日記とされる。書名のとおり、一二二一～一二二二年（承久三～承久四）の記録である。

(42) 坂上田村麻呂（七五八～八一一）は征夷大将軍を務めた武将である。本文で言及した清水寺を創建したと伝わる。

(43) 延鎮（生没年不詳）は平安時代前期に活躍した法相宗の僧である。

(44) 瀬野精一郎編『日本歴史展望5　分裂と動乱の世紀』（一九八一年、旺文社）には尊氏が描いた地蔵像の複写版が付録に付いている。

(45) 河内国渋川郡は現・大阪府大阪市の一部・八尾市・東大阪市等にあたる。

(46) 紀伊国那賀郡は現・和歌山県紀の川市・和歌山市・海南市等にあたる。粉河寺は現在、紀の川市粉河に天台宗寺院としてあり、本尊は千手観音である。

第四章　江戸時代の地蔵信仰

江戸時代は、後生善処（死後、天や西方浄土等良い所に生まれ変わること）より、個人の現世利益が追求される時代といわれる。しかしながら、寺請制を通じて仏式葬儀による追善供養（死者を救済するため生者が仏事を行うこと）が定着する時代でもある。

この点に留意しつつ、江戸時代の地蔵信仰を分析する。

第一節　説話集の地蔵

これまで通説では、江戸時代において、地蔵信仰は現世中心になってきたといわれてきた（渡浩一『お地蔵さんの世界』二〇一一年、慶友社）。しかしながら、江戸時代に出版された地蔵説話集を見てみると、地蔵が冥途（死者のさまよう世界）・地獄から救済してくれる話および地蔵が死者を西方浄土や天へ引導する話が少数ながら存する。三井寺〈園城寺、天台寺門宗、現・滋賀県大津市園城寺町〉の僧、良観[1]が増補した『三国因縁地蔵菩薩霊験記』[2]（一六八四年〈貞享元〉刊）には以下の話を載せる。

女は「私は貧乏なので、亡き親の追善供養を行うことができない。願うことは、両親が西方浄土に往生することである」と祈るのみであった。供養を始めて九〇日を過ぎた夜、女の夢に、香染めの僧衣を着て手に錫杖を持っている僧が現れた。僧は女にいった。「一旦、あなたの父は地獄に堕ち、あなたの母は餓鬼道〈輪廻する者が死後生まれ変わる六つの迷いの世界の一つ〉に入ったが、追善供養によって二人とも天に往生した。…」と。

（第四巻第一三話、榎本千賀・他編『一四巻本地蔵菩薩霊験記』上巻、二二七頁）

玄瑞（生没年不詳）『本朝諸仏霊応記』（一七一八年〈享保三〉刊）には以下の話を載せる。

冥府〈死者を裁く裁判所〉の庭にいる人々は皆、この小僧を見て、「地蔵菩薩がいらっしゃった」といった。…時に小僧は、女に告げておっしゃった。「あなたは私を知っているか。私は地獄の苦難を救済する地蔵菩薩である。見る所、あなたは生前、仏事を熱心に行った人である。あなたを現世に戻しましょう」と。…また地蔵はおっしゃった。「あなたには西方浄土に往生することができる縁がある。今、その文句を教えましょう。決して忘れてはいけない」と。…女は八〇余歳にして、心に乱れなく、威儀正しく坐り、口に念仏を唱え、心に地蔵菩薩を念じて亡くなった。

（『仏教説話集成』第一巻、二二六頁）

これ以外にも、地蔵が西方浄土や天に引導する話がある。浅井了意（一六一二？～一六九一）『伽婢子』（一六六六年〈寛文六〉刊）には以下の話を載せる。

妻は亡くなる時、法城寺[3]の地蔵堂に参り、手を合わせ、「長年、あなた様を信仰してます。必ず私の願いを成就させてください」といって、地蔵の名前を唱えて亡くなった。原隼人佐昌勝[4]も同様に地蔵菩薩に帰依して、「妻を後生善処に引導してください」と祈った。

（新日本古典文学大系版、一四八頁）

この話において、原隼人佐昌勝も妻も後生善処を地蔵にお願いしている。冥途・地獄から救済してくれる話の割合は、中世に比べると確かに減っている。しかし、全体から見るとわずかな数かもしれないが、各説話集に散見することも事実である。また、江戸時代は賽の河原信仰が定着した時代でもある。賽の河原は亡くなった子どもが堕ちる、一種の地獄であり、そこでの救済者は地蔵である（第三章第四節（二）前述）。

先に述べたとおり、江戸時代は家と寺との結びつきが強い寺請制の時代である。言い換えれば、亡くなれば遺族・知り合いより葬式をしてもらえる時代である。そして江戸時代は平和な時代である。殺人等地獄に堕ちる罪を犯す可能性は、戦いが日常的だった中世に比べて極めて低くなった。ゆえに江戸時代が進むにつれ、堕地獄の恐怖は薄れてしまった[5]（坂本要「地獄の系譜」桜井徳太郎編『聖地と他界観』一九八七年、名著出版。加須屋誠『地獄めぐり』二〇一九年、講談社、二一一～二一二頁）。

ただし寺請制といっても、現世利益を目的に、檀那寺以外の寺・神社に詣でることが禁止されたわけではない。このため、各寺は現世利益の宣伝に努め、多くの現世利益譚が生まれることとなる（この結果、都市部ではハヤリ神が生まれることとなる。本章第五節後述）。一見、地蔵の活躍の場が地獄から現世に移ってしまったと見えるかもしれないが、現世利益譚が増える一方、堕地獄の恐怖が薄れてしまったため、地獄からの救済という役割が表面に出にくくなった、といった方が良いのである。

第二節　路傍の地蔵像

序章で述べたとおり、地蔵像は路傍に祀られる神仏の代表格である。現代日本の路傍の地蔵像は、おおよそ江戸時代以降に祀られるようになったものである。なぜ、地蔵像は路傍に祀られるようになったのか？

今日の通説では、路傍に地蔵像が祀られるようになった原因として、道祖神（路傍等にあって災厄をもたらす悪霊や疫病が入ってくるのを防ぐ神）との習合が指摘されてきた。筆者はこの通説に対し長年疑問を抱いてきた。というのも、古代・中世の、地蔵に関する文献を見る限り、地蔵と道祖神との習合を説くものが見あたらないからである（文献初出に関しては本節（四）後述）。現代においても、地域によっては、小正月（一月一五日）[6]に道祖神祭りが行われるが、路傍の地蔵像に対し、小正月に祭を行う事例は見あたらない。そこで本節では、地域を絞って路傍に地蔵像が祀られるようになった過程を分析することで、道祖神との習合説の是非を考えたい。

なお、路傍の地蔵像は、①どこかに存在した地蔵像（もしくは他の尊格の像）が何かの理由で路傍に祀られるようになったケースと、②地域住民が必要に応じて地蔵像を造り、路傍に祀るようになったケースとがある（以下、「造立された」とする）。以下の事例分析では、「祀られるようになった」と「造立された」とを区別していることをあらかじめ言及しておく。「祀られるようになった」の場合、①②を含む。「造立された」は②のみである。また、以下の事例における路傍の地蔵像はほぼ石造である。

（一）東京23区域

筆者は、二〇一〇年から二〇一四年にかけて、現・東京23区域に現存する路傍の地蔵像の悉皆調査を試みた。結果、江戸時代（およびこれ以前）に祀られるようになった、路傍の地蔵像を一九八体確認した。以下は、この調査結果を基にしている。

まず、江戸時代以前に祀られるようになったとされるものが三体あったが、その根拠はいずれも伝承によるものである。室町時代に祀られるようになったという伝承を持つものとして、現在は東京都板橋区大谷口にある西光寺（真言宗）に祀られる代かき地蔵があげられる。もともとは東京都板橋区大谷口上町にある氷川神社西側斜面に祀られていたという伝承が伝わる。当該の場所には地蔵坂という地名が残る。現在、東京都北区王子本町一丁目に祀られる三体の地蔵像のうち、一体は、一五三二〜一五五五年頃（天文年間）に造立されたという伝承が伝わる。戦災に遭ったこともあり、中世に遡れる論拠は伝承のみである。現在、東京都豊島区千早一丁目に祀られる千早地蔵には戦国時代造立という伝承が伝わる。千早地蔵には明治の廃仏毀釈（一八六八年〈明治元〉に始まる。第五章「はじめに」後述）までは、千早の辻角にあった地蔵坊に祀られていたという伝承が伝わる。以上の三体に伝わる伝承をすべて否定するわけではないが、造立年代の設定に伝承を使うのは危険である。そこでこの三体に関し、言及を省略する。

江戸時代に祀られるようになったもので一番古いとされるのは、現在、板橋区仲宿にある文殊院（真言宗）の門前に祀られる延命地蔵である。現在は寺と関係する場所に祀られているが、もともとは、近隣を通る中山道の傍らに祀られていたという伝承が伝わる。文殊院は一六二五年（寛永二）創建であり、延命地蔵は創建前より祀られるようになっていたとされるが、この根拠も伝承である。

銘文から年代が判明する最初期のものとしては、現在、品川区大井にある西光寺（浄土真宗）に祀られる倉田地蔵があげられる。現在は寺の境内に祀られているが、かつては西光寺の前を通る鎌倉道の路傍にあったという伝承が伝わる。舟型光背の銘文に「明暦元乙未」とあるので、一六五五年（明暦元）造立とわかる。銘文には、この他、女性一六名の名前を記しており、女人講による造立と考えられる。女人講には娯楽的要素もあったが、そもそもは念仏講（死者供養を目的とする相互扶助的な信仰共同体）の一形態である（西海賢二『江戸の女人講と福祉活動』二〇一二年、臨川書店、七三頁）。女人講があえて造立した地蔵像であれば、死者供養を一目的にしていた可能性が高い。

一七世紀半ば以降、現・東京23区域では路傍に地蔵像を造立することが一般化する。現在、文京区大塚にある大塚公園には三体の地蔵像が祀られている。このうち一体には、銘文に「寛文五」とあるので、一六六五年（寛文五）造立である。もともと現・大塚五丁目の路傍に祀られていたという伝承が伝わる（現地説明板）。この地蔵像の銘文には、「二世安楽」（現世および来世の安楽を祈る）とあるので、現世利益および死者救済を目的としている。現在、北区豊島四丁目にある下道地蔵堂には複数の地蔵像が祀られている。[7] このうちの一体の銘文には、「寛文十」とあるので、当該の像は一六七〇年（寛文一〇）造立である。この地蔵像の銘文にも、「二世安楽」とあるので、死者救済を一目的に造立されたと解釈できる。現在、足立区弘道一丁目にある地蔵堂に祀られる地蔵像の銘文には、「寛文十二」とあるので、一六七二年（寛文一二）造立である。銘文には「奉念仏供養結衆二世安楽（念仏を唱え、仲間を供養し、現世および来世の安楽を成し遂げる）」とあるので、念仏講が現世利益および死者救済を目的に造立したと解釈できる。一七世紀後半に造立された路傍の地蔵像は、四四体確認できたが、このうち、銘文に「二世安楽」（もしくは類似表現）と記しているものが九体ある。

江戸時代全体では、路傍の地蔵像を一九五体確認できたが、このうち三五体の銘文に「二世安楽」

（もしくは類似表現）という言葉がある。念仏講が造立したと思われるものは三三体である（銘文に単に「講（中）」としか刻まれていないものを除く）。銘文に「三界万霊（世界で生きる全ての者の救済）」（もしくは類似表現）とあるものは、七体である（三項目で重複して数えられているものもある）。銘文に「三界万霊」と記されているということは地蔵像に死者救済の願いを托しているという意である。当該地域において、路傍の地蔵像は、現世利益および死者救済を目的に造立されたと考えられる。現世利益・死者救済、共に古代・中世以来の地蔵の役割である。

前述のとおり、通説では路傍に地蔵像が祀られるようになった理由として道祖神との習合が唱えられてきた。道祖神というと村境に祀られているというイメージがあるかもしれないが、道祖神は必ずしも村境に祀られているわけではない[8]（松村雄介「造塔を伴う道祖神信仰―その発生と展開」『日本の石仏』第二六号、一九八三年。石田哲弥・椎橋幸夫『道祖神信仰史の研究』二〇〇一年、名著出版）。そして道祖神との習合より生じたとされる路傍の地蔵像も必ずしも村境に祀られていたわけでもない。東京23区域に関し、筆者が調査した一九五体のうち、村境に祀られたものは二五体にすぎない。江戸時代において、村境となる場所は時に農地に適さない場所であった。二五体の祀られた場所は「境界」の意味があったかどうか、事例に即して再考すべきである。すなわち、農地として適していないゆえ、地蔵像が祀られるようになった可能性も考慮する必要がある。

道祖神の役割の一つである疫病退散の役割を有する地蔵は、三体ある[9]。東京都目黒区駒場二丁目に祀られる駒場地蔵（一六七三～一七〇四年〈延宝～元禄年間〉頃造立）は、疫病退散のために造立されたという伝承が伝わる。当地は、上目黒村と代田村飛び地との境である。東京都杉並区和田一丁目に祀られる十貫坂地蔵（一七一七年〈享保二〉造立）は、疫病退散の役割があったという伝承が伝わる。当地は、和田村と雑色村との境である。現在、中野区江原町三丁目に祀られる地蔵像（一七九七年〈寛政九〉造立）はこの頃の飢饉で亡くなった人を供養する目的で造立された。それゆえ、死霊を供養することで疫病を退散する役割も期待されていたのである。当地は、江古田村と江古田新田との境である。

以上の三体は村境に立ち、疫病退散の役割を有するという点で道祖神と共通点がある。しかしながら、この三体に対し、小正月（一月一五日）において祭りが行われるわけではない。江戸時代においても疫病の原因の一つは、現世に未練を残した死者の霊の祟りとされていた。現世に未練を残し、災厄をもたらす死霊の救済は、中世以来の地蔵の役割である。現・東京23区域において、道祖神像はまれである。また地蔵信仰に先立って、道祖神信仰があった記録もない。現・東京23区域に関する限り、道祖神との習合から路傍に地蔵像が造立されるようになったとは解釈できない。

前述のとおり、現・東京23区域の各地において、路傍の地蔵像が造立されるようになったのは、一七世紀後半に入ってからである。当該地域の路傍の地蔵像は、原則石造であり、多くは安山岩を素材としている。安山岩は当該地域からは産出されない。

安山岩は江戸城石垣の素材でもある。江戸城築城のため、伊豆半島（およびその周辺）から多くの安山岩が船によって大石のまま運ばれた。また、江戸城築城時には、全国から石工が集められた（もしくは集まってきた）と想定される。江戸に集まった石工が、安山岩を石垣に合わせた形に整えたのである。

しかし、石垣が整備されると、石工の仕事は減ってしまった。また築城が一段落した段階で安山岩が余ってしまった。このため、江戸城石垣用の余り石を石工が彫るという形で、地蔵像が造立されるようになったと考えられる。現在、東京都豊島区長崎一丁目（西武池袋線椎名町駅北口前）には道標（みちしるべ）地蔵［写真1］がある。現在は金剛院（真言宗）[10]の門前になるが、もともとは現・山手通り（正式名称は環状六号線）の近くにあり、道路拡張により現在地に移された（伊藤榮洪『ぶらり長崎―歴史・文学散歩』二〇一八年、豊島区、二〇頁）。したがって、もとは路傍の地蔵像である。舟型光背に「北下板橋道　南ほりの内道」という銘文があり、道標を兼ねていた。道標地蔵に関し、江戸城石垣用の余り石で造られたという伝承が現地説明板に記されている。銘文によれば一七九六年（寛政八）に造立されたものである。そうであれば、江戸城石垣整備が既に完了している時期である。ゆえに道標地蔵は余り石で作られたとする伝承には信憑性がある。

写真1　東京都豊島区長崎1丁目に祀られる道標地蔵。2020年9月14日撮影。

現・東京23区域で路傍に地蔵像が祀られるようになったのは、道祖神との習合ではなく、江戸城築城を原因とした方が良さそうである。

江戸時代に入って、検地が行われ、村の範囲が確定した。村の人々は現世利益および死者救済を目的として、祭祀対象を求めた（需要があった）。これに対し、仕事が少なくなった石工が依頼者の目的に合わせて、地蔵像を作った（供給があった）。いわば、需要と供給が一致する状況で地蔵像が造立されたのである。死者を救済すること、および現世利益を施すことは古代・中世以来の地蔵の役割である。現・東京23区地域において路傍の地蔵像が祀られるようになった理由に道祖神との習合を想定することは難しい。

（二）京　都

京都を歩くと、路傍のお堂内に地蔵像が祀られているのをしばしば見掛ける。お堂の地蔵像は、八月下旬の地蔵盆の際には盛大に飾り付けられる。町のなかには、地蔵像を普段は寺（もしくは特定の家）に預け、地蔵盆の時にのみ人前に出す町もある。また普段は町内に地蔵像はなく、地蔵盆の時に地蔵像をレンタルする町もある[11]。京都の町々にとって、地蔵盆はなくてはならない行事なのである。

では、どうして京都の町々は地蔵盆を行うようになったのか？　確認すべきは、京都の地蔵盆は江戸時代においては地蔵祭（もしくは地蔵会）と呼ばれていたことである。明治政府の因習打破政策によって、京都において路傍の地蔵像は破棄され、地蔵祭は一旦廃絶した。一八八三年（明治一六）以降、盂蘭盆（うらぼん）（お盆）と足並みをそろえて復活した際、地蔵盆という名称となった（第五章第四節後述）。

地蔵祭の文献初出は鈴木正三（しょうさん）（一五七九～一六五五）の遺稿集『反故（ほご）集』（一六七一年〈寛文一一〉

刊）である。

一、京都辻々の地蔵祭。去年七月に若者たちが立派に行った。今年の五月にも七月の盆を待ちかねて、辻々において地蔵祭が行われた。

（日本古典文学大系『仮名法語集』、三二五頁）

前後の文脈から「去年」は一六三七年（寛永一四）と解釈される（村上紀夫『京都地蔵盆の歴史』二〇一七年、法藏館、四三頁）。一六三七年（寛永一四）は寛永の飢饉（一六四〇～一六四三〈寛永一七～二〇〉）の前触れ的時期であり、既に全国的に不作が始まっていた（佐々木潤之介「寛永飢饉について」『民衆史を学ぶということ』二〇〇六年、吉川弘文館）。そうであれば京都でなんらかの疫病が流行っていた可能性がある。

これに続くのが中川喜雲（一六三六～一七〇五）『案内者』（一六六二年〈寛文二〉刊）である。

七月二四日…地蔵祭　この日、多くの人が六地蔵を巡り拝む。一番は御菩薩（みぞろ）の地蔵、二番は山科の地蔵、三番は伏見の地蔵、四番は鳥羽の地蔵、五番は桂の地蔵、六番は常盤の地蔵である。…この日は地蔵の縁日であり、六地蔵以外の地蔵にも供物灯明を伴う参詣が行われる。

（『近世文学資料類従』仮名草子編九、二一〇～二一一頁）

これを見ると、地蔵祭とは、①六地蔵めぐり、②これ以外の寺の地蔵祭、③各町の地蔵祭の三つを含むこととなる。ただし、③を思わせる記述は希薄と言わざるを得ない。

これ以降、地蔵祭の記述が京都関連の諸記録に頻出する。ここで注目したいのは、『反故集』と『案内者』との間には、約二五年の隔たりがあることである。江戸時代の京都に関しては、多数の文献が残っている。しかし、地蔵祭の記事は約二五年間見当たらない。仮に一六三八年（寛永一五）以降、地蔵祭が定着し、毎年行われていたとすれば、記録に一切現れないのはかなり不自然である。一六三七年（寛永一四）および一六三八年（寛永一五）の地蔵祭はあくまで臨時的に行われたにすぎない。一六三八年（寛永一五）と一六六二年（寛文二）との間には何があったかといえば、六地蔵めぐりの発生である。六地蔵めぐりとは、京都六口にある地蔵像を一日ですべて参詣する行事である。『福斎物語』（一六四三年〈寛永二〇〉刊）には六地蔵の組み合わせと思われるものが見られる。

御菩薩池（みぞろがいけ）地蔵、山科六角地蔵、伏見油掛地蔵、桂川島地蔵、常盤要地蔵、鳥羽地蔵、壬生地蔵、無苦花地蔵、子安地蔵、腹帯地蔵、目疾地蔵、大江山地蔵、矢田地蔵

（『徳川文藝類聚』第一巻、九〜一〇頁。ただし誤記を京都大学図書館所蔵本より修正した）

一見、現在に続く六地蔵の組み合わせ（傍線部分）が存するように見えるが、「伏見油掛地蔵」は異なる（正しくは大善寺の伏見六地蔵）。この頃、現在の六地蔵の組み合わせはあったが、『福斎物語』

の著者は同じ伏見にあることから当時著名であった油掛地蔵を誤って記してしまった、という解釈は可能であろう（大東俊一「京都の「六地蔵めぐり」」『日本人の聖地のかたち―熊野・京都・東北』二〇一四年、彩流社）。

これに続く史料が、先に引用した『案内者』であり、ここには現在と同じ六地蔵の組み合わせが明示されている。『案内者』にしたがえば、地蔵祭の本流は六地蔵めぐりであり、各町の地蔵祭は派生ということになる。この後、各町の地蔵祭は、六地蔵めぐりと併記される形で文献に登場する。

では、京都の地蔵祭は如何なる過程で行われるようになったのか？

まず確認しておくと、一六三七年（寛永一四）七月に、疫病等による死者を供養し、救済する目的で、臨時的に地蔵祭が行われ、翌年は――すでに死者が多かったのか――五月に行われたのである。この臨時的地蔵祭に地蔵像を祀る諸寺が目を着けた。中世の六地蔵参は戦国時代に途絶えていた（第三章第四節（三）前述）。当時著名だった地蔵像を祀る六ヵ寺（御菩薩池地蔵堂を含む）が合議し、新たに六地蔵を定めたと考えられる（竹村俊則『京のお地蔵さん』一九九四年、京都新聞社、一一頁。これ以外の寺は独自に地蔵祭を行うようになった）。現在に伝わる伝承を以下、引用する。

京都の六地蔵は、小野篁[12]によって八五二年（仁寿二）に造立されたと伝えられる霊像である。篁は八四九年（嘉祥二）、大病にかかり仮死状態となった。夢遊の中、篁は地獄に行った。猛火の中、一人の僧が出てきた。獄卒に苦しめられる罪人に対し、僧は慈悲の手をさしのべた。…篁は地蔵の大悲の心に感激し、地蔵の利益を人々に広めようと、木幡山（別名 伏見山）に生える一本の桜の木から六体の地蔵像を刻み、木幡山の麓である、現在の大善寺の地（現・京都府京都市伏見区）に祀った。

後白河天皇はこの六地蔵を深く信仰した。一一五七年（保元二）、平清盛に命令を下し、清盛は西光法師に命じて、都街道の入り口六ヵ所に六角堂を立てて、一体ずつ地蔵像を祀った。これにより六地蔵めぐりの風習が起こり、京都の多くの人々が行うようになった。

（六地蔵会「京の六地蔵めぐり」）

江戸時代以前の史料に以上の伝承は見られない。六地蔵各体を祀り始めた人物を西光（俗名 藤原師光、?～一一七七）としている点は『源平盛衰記』における六地蔵の記述（第三章第四節（三）にて引用）と共通するが、それ以外は相違する。この伝承は大善寺のある伏見を六地蔵各体の発生地としている。江戸時代、新たに六地蔵めぐりを定めるにあたり、大善寺が以上の伝承を創作したと推定される（眞鍋廣濟『地蔵菩薩の研究』一九六〇年、三密堂書店、四三頁。森成元「近世の地蔵信仰」真野俊和編『講座日本の巡礼 第一巻 本尊巡礼』一九九六年、雄山閣出版）。したがって、新たに六地蔵を定めた合議は大善寺が主導したと想定される。

六地蔵めぐりは徐々に浸透し、一六六〇年代には定着した。室町時代に行われた六地蔵参は災厄をもたらす死霊を供養することが一目的であった。江戸時代に発生した六地蔵めぐりの目的は何だったのだろうか？　確認すべきことは、六地蔵めぐりには、六斎念仏（太鼓・鐘を打ち、踊りながら念仏を唱えるもの）を伴っていたことである。曲亭馬琴（別名　滝沢馬琴、一七六七～一八四八）『俳諧歳時記』（一八〇三年〈享和三〉刊）にも以下のようにある。

七月二四日、六斎念仏の人々も六ヵ所の地蔵堂に参り、太鼓を打ち、鉦を鳴らして踊念仏を行う。俗にこれを六斎太鼓という。干菜寺[13]（浄土宗、現・京都府京都市左京区）の一派である。

（『近世後期歳時記本文集成並びに総合索引』八八一頁上段）

速水春暁斎（一七六七～一八二三）『諸国年中行事』（一八三二年〈天保三〉刊）には以下のようにある。

七月二三日…六地蔵めぐりは今日・明日である。…六ヵ所とは御菩薩池・山科・伏見・鳥羽・桂・常盤である。今日・明日、近在より六斎念仏の人々が巡る。近年、種々の曲を鉦・太鼓・横笛によって上手く演奏している。

（八坂書房版、一五九頁）

暁晴翁（一七九三～一八六一）『雲錦随筆』（一八六二年〈文久二〉刊）には以下のようにある。

七月二三日、二四日、六地蔵めぐりの老若男女が群参して賑やかだった。六斎念仏の人々が多数やって来て、仏事を行った。

（『日本随筆大成』第一期第三巻、一三九頁）

そもそも六斎念仏には、災厄をもたらす死霊を救済する役割があった（五来重「融通念仏・大念仏および六斎念仏」『大谷大学研究年報』第一〇号、一九五七年）。六斎念仏を伴う六地蔵めぐりは災厄をもたらす死霊を供養し、救済することが目的の一つであったと想定される。

なお、六地蔵めぐりでは相撲が行われる場所もある。操巵子（そうしし）（生没年不詳）『諸国年中行事』（一七一七年〈享保二〉刊）には以下のようにある。

七月二四日　六地蔵めぐり。…常盤の里では相撲は昼に行われる。御菩薩池では相撲は夜に行われる。

（『民間風俗年中行事』国書刊行会版、四七頁下段）

相撲もそもそも災厄をもたらす死霊を鎮める行事であったと考えられている[14]（山田知子『相撲の民俗史』一九九六年、東京書籍）。江戸時代には娯楽的要素も強くなる。しかし、江戸では回向院（浄土宗、現・東京都墨田区両国）という非業の死者を供養する寺の境内で行われていたことを考慮すると、[15]災厄をもたらす死霊を鎮めるという、相撲のもともとの性格が忘れ去られたわけではない。六地蔵めぐりにおいて六斎念仏に加えて、時に相撲が行われることを考え合わせると、六地蔵めぐりは、災厄をもたらす死霊の救済を一目的としていたと解釈される。[16]災厄をもたらす死霊を救済することを目的とする点は中世の六地蔵参を継承している。

『島原大和暦』（一六八三〈天和三年〉刊）では、六地蔵めぐりにおいて夭死者（年若くして亡くなった人）供養を行ったとする記述がある。

七月二四日を祭りの日とする。六地蔵めぐりなどを行う。子に死に別れた親たちは灯籠を地蔵に奉納する。

（『近世文藝叢書』第一〇巻、三六九頁上段）

このように江戸時代において、六地蔵めぐりには、夭死者を供養する面もあった。なお、現代の六地蔵めぐりの目的は、新仏（あらぼとけ）供養・水子供養である。

初盆参り、水子供養

人が亡くなった場合、新盆には水塔婆供養を行う。三年間、六地蔵めぐりを行えば亡くなった人は六道の苦を逃れることができる。

また、お地蔵さまは子どもの仏さまである。不運な因縁により、この世に生まれ出ることの出来なかった水子の供養にお参りください。

（六地蔵会「京の六地蔵めぐり」）

新仏とは、亡くなって一年、もしくは三年を経ていない死霊の意である[17]。未だ安定していない霊のため、現世に災厄をもたらす可能性を有している。現代において「水子」は亡くなった胎児の意である。現代の六地蔵めぐりの目的が新仏供養・水子供養であることは、江戸時代からの継承と考えられる（現代的な水子供養の発生に関しては第五章第二節後述）。

この六地蔵めぐりを子どもが模倣することで各町も地蔵祭を行うようになったと想定される。森本迪菴（てきあん）（生没年不詳）『山城国中浄家寺鑑』（一六六八年〈寛文八〉刊）には以下のようにある。

> 毎年七月二四日、洛中洛外の多くの男女は、御菩薩池より始め、常盤の里を終わりとする六地蔵めぐりをそろって行う。六斎念仏を行う人もいる。鐘、太鼓、拍子木を打ち鳴らし、歩きながら念仏をする人もいる。また、命令する人もいないのに、人々は歩きにくい箇所を整備し、橋なき所には橋を掛け、村々辻々で接待がなされる。地蔵祭が華やかである事は筆舌に尽くし難い。…七月には京都周辺において、親は子に地蔵祭を行うことを許している。ある程度の年齢以上の少年たちは六地蔵めぐりを行う。このことも地蔵祭といっている。
>
> （『山城国中浄家寺鑑』前集上一、佛教大学図書館所蔵本、二三丁表〜二四丁裏）

また、坂内直頼（一六四四?〜一七一一?）『山城四季物語』（一六七四年〈延宝二〉刊）にも以下のようにある。

六地蔵めぐりは京都の人々が行っている由緒ある行事である。里々では、参詣人のために休所を設け、お茶を施す。あるいは子どもたちは、路傍の石仏を移動し、地蔵と名付け、顔を白く色どり、花を手向け、供物を捧げて、地蔵祭を行う。（『近世文学資料類従』古板地誌編五、一五二頁）

黒川道祐（一六二三〜一六九一）『日次紀事』（一六八五年〈貞享二〉刊）には以下のようにある。

七月二四日。…京都の子どもたちは、路傍の石地蔵にお香や花を供え、地蔵祭を行う。

（『新修京都叢書』第四巻、三一二頁）

四時堂其諺（一六六六〜一七三六）『滑稽雑談』（一七一三年〈正徳三〉成立）には以下のようにある。

毎年七月二三日の夜より、貴賤男女年齢を問わず大人は皆、六ヵ所の地蔵に参詣する。このことを地蔵めぐり、もしくは地蔵祭といっている。子どもは路傍の石仏に紅白の彩りを加え、食べ物・飲み物・菓子を供え、お香・花を供え、路傍において祭りを行う。

（国書刊行会版、第二巻、四七頁下段）

『案内者』・『山城国中浄家寺鑑』・『滑稽雑談』から、六地蔵めぐりも各町の地蔵祭も共に地蔵祭と呼ばれていたことがわかる。『山城国中浄家寺鑑』・『山城四季物語』・『滑稽雑談』から、六地蔵めぐりを子どもが模倣することで町の地蔵祭が行われるようになったと解釈できる。[18]

町の地蔵祭は子どもによる模倣によって始まったことを「子どもは、路傍の石仏を移動し」（『山城四季物語』）・「子どもは路傍の石仏に紅白の彩りを加え」（『滑稽雑談』）から考察を加えたい。当時の京都は道に石仏が転がっていた。というのも織田信長（一五三四〜一五八二）による旧二条城（足利義昭邸）建設（一五六九年〈永禄一二〉）および豊臣秀吉（一五三七〜一五九八）による御土居建設（一五九一年〈天正一九〉）のため、京都中心部に各地の石仏が集められたが、[19]両者とも破棄の憂き目に遭ってしまったからである。この流浪の石仏を子どもたちは地蔵に見立てることで、町の地蔵祭が始まったのである。以上の説を文献で立証するのは難しいが、以下の写真を見て欲しい。

[写真2]は、京都府京都市上京区一色町の地蔵盆で祀られる石仏二体である。二体とも彫りが浅く、尊容からは仏名はわからない。しかし、町の人々は地蔵として祀っているのである。

[写真3]は現在、壬生寺（みぶ）[20]（律宗、京都市中京区）にてまとめて祀られている石仏である。一八六八年（明治元）に始まる廃仏毀釈（第五章「はじめに」後述）もしくはその後の社会変動によって町が持ちきれなくなり、壬生寺に収められた石仏である。多くは町の人々に地蔵として祀られていたと想定される。

[写真4]・[写真5][21]は、一九七五〜一九七八年（昭和五〇〜五三）における京都市営地下鉄烏丸線工事の際、旧二条城（足利義昭邸）跡から発掘された石仏である。旧二条城の石垣に使われたとされ

写真3　壬生寺にて祀られる石仏。2014年９月13日撮影。

写真2　京都市上京区一色町の地蔵盆にて祀られる石仏。2010年８月22日撮影。

写真4　旧二条城（足利義昭邸）跡から発掘された石仏。現在は京都市西京区洛西竹林公園にて保存展示されている。2020年８月21日撮影。

写真5　写真４に同じ。

ている。いずれも彫りが浅いため、尊容からは仏名がわかりにくくなっている。

[写真6]・[写真7]は御土居跡から発掘された石仏である。いずれも彫りが浅く、尊容がわかりにくくなっている。

[写真2]～[写真7]と「路傍の石仏を移動し、地蔵と名付け」(『山城四季物語』)という記述を照らし合わせると、江戸時代初頭の京都においては旧二条城(足利義昭邸)の石垣や御土居等から流出した石仏がごろごろしており、[22]それを子どもたちが地蔵と見立てることで、町が地蔵として祀るようになったと想定される。なお、京都の地蔵像には白を基調とした化粧を施す場合もある[23]([写真2]左・[写真6])。これは彫りの浅い石仏を地蔵と見立てるために行われたと想定される。なお、現在、六地蔵めぐりの各地蔵像には白塗りが施されている[写真8]。

例外として考慮すべきは、現在、上善寺(浄土宗、京都市北区)に祀られている鞍馬口地蔵である。鞍馬口地蔵は江戸時代においては御菩薩池(みぞろがいけ)(現・京都市北区、深泥池とも書く)に祀られていたが明治の神仏分離(一八六八年〈明治元〉に始まる)によって上善寺に移された。鞍馬口地蔵の白塗りは他と比べると若干薄い[写真9]。この点を上善寺に問い合わせたところ、「町の地蔵像のように毎年塗り直しをしている訳ではないので、薄く見えるだけである」という回答を得た。

では六地蔵めぐりの各地蔵像はいつから白塗りなのだろうか? 江戸時代及び明治時代の京都に関する文献は数多あるが、「(あるとき突然)六地蔵めぐりの地蔵像が白塗りになった」とする記録はない。白塗りに関し、大善寺及び上善寺に問い合わせたところ、大善寺からは「平成において調査が行

写真６　御土居跡から発掘された石仏。現在は京都市上京区馬喰町の北野天満宮裏手にて祀られている。2020年８月21日撮影。

写真７　御土居跡から発掘された石仏。現在は京都市北区平野鳥居前町にて祀られている。2015年10月撮影。

写真８　大善寺（別名 六地蔵）にて祀られる伏見六地蔵。2013年７月22日撮影。

写真９　上善寺にて祀られる鞍馬口地蔵（旧名 御菩薩池地蔵）。2020年８月22日撮影。

われ、かなり昔より白塗りが行われていたことが確認された」という回答を得た。上善寺からは「二〇一五年（平成二七）に美術院による修理が行われ、その際、白塗りは少なくとも江戸時代に遡るものであり、あるいは室町時代以前に遡れるかもしれないことが確認された」という回答を得た。江戸時代及び明治時代の文献で「白塗りが始まった」ことの記録がないことも踏まえると、六地蔵めぐりの地蔵像の白塗りは少なくとも江戸時代初頭にまで遡ると考えるのが妥当であろう。そうであれば町の地蔵像を時に白塗りをする風習[24]は六地蔵めぐりの地蔵像の白塗りの模倣から始まったのではなかろうか。なお、『滑稽雑談』では「紅白」とあったが、口に紅を塗ったと解釈できる。以上の考察から、六地蔵めぐりを子どもが模倣することで町の地蔵祭が行われるようになったと解釈できるのである。町の地蔵祭は、六地蔵めぐりの模倣ゆえ、死者救済を目的としていたと考えられる。ちなみに『日次紀事』では、地蔵祭において数珠繰りが行われていたことを記している。

姉小路地蔵祭。昨日より姉小路東の洞院の西において、地蔵・弥陀の両像を家や店にて祀る。皆々、百万遍の数珠を回す。明日まで行う。

（『新修京都叢書』第四巻、三一六頁）

江戸時代において、数珠繰りは災厄をもたらす死霊を救済する目的で行われていた（北城伸子「「数珠繰り」の習俗と江戸戯作―京伝・南北の趣向をめぐって」『説話・伝承学』第八号、二〇〇〇年）。江戸時代の京都で行われた町々の地蔵祭は、時に数珠繰りを伴うことから、夭死者等非業の死者を救済することを一目的としていたといえる。この点は地蔵祭が六地蔵めぐりを模倣した点といえる[25]。

以上論じたように、地蔵祭は非業の死者の霊を供養することを目的としていたのだが、死者供養に留まるわけではない。本節で述べてきたとおり、江戸時代において疫病等の災難は死霊の祟りを原因とすると考えられてきた。そうであれば、地蔵祭の目的は死者供養を行うことで、疫病から逃れる等現世利益を得ることに求められる。

なお、江戸時代の京都では地蔵像は町の木戸に祀られることが多かった。一鐘亭半山(別名　木室卯雲、一七一四～一七八三)『見た京物語』(一七八一年〈天明元〉刊)には以下のようにある。

> 町の木戸ごとに石地蔵が祀られている。…これは火防(ひよ)けを目的としている。
>
> (『日本随筆大成』新版、第三期第八巻、一一頁)

木戸に祀られるということは境界神の意もあろうが、史料にあるとおり、火除けの意図が主である。以上をまとめると、京都では路傍に地蔵像が祀られることが多いが、これは地蔵祭によって死者救済を行うことで得られる現世利益および火除けが目的であった。死者を救済することおよび現世利益を施すことは古代・中世以来の地蔵の役割である。京都においても路傍に地蔵像が祀られるようになったことに関し、道祖神の影響を想定することは難しい。

（三）石川県金沢市

石川県金沢市は浄土真宗門徒の多い地域である。一説には七割を占めるといわれる。浄土真宗はその教義（第三章第一節（三）前述）から積極的に地蔵を祀ることは稀である。しかし、金沢市は丸門徒（地域全員が真宗徒）の地域ではないため、路傍に地蔵像が祀られることがある。

筆者は二〇一〇年から二〇一四年にかけて、金沢市教育委員会『金沢市の地蔵尊―金沢市地蔵尊民俗調査報告書』（一九九七年、金沢市教育委員会）をもとに金沢市の路傍の地蔵像の悉皆調査を行った。その結果、江戸時代に祀られるようになった三六ヵ所[26]の地蔵像を確認した。祀られるようになった目的が不詳のものも多いが、いくつかの地蔵像は銘文・記録から判明する。

現在、金沢市堀川新町にある久昌寺（曹洞宗）で祀られている六地蔵（一七〇三～一七〇八年〈元禄一六～宝永五〉造立[27]）はもともと処刑場への道の傍らにあったと伝わる。そうであれば、刑死者供養を造立目的としていたと想定される。現在、金沢市笠舞二丁目に祀られている笠舞地蔵尊（一八三七年〈天保八〉造立）は、天保の飢饉（一八三三～一八三六〈天保四～七〉）による餓死者・病死者を供養する目的で造立されたものである。笠舞は非人小屋（自力で生きていくことができない人を収容する小屋）があった場所である。飢饉による生活困窮者・病人は加賀藩によって非人小屋に収容されたが、結果、非人小屋において、多数の人が亡くなってしまったと想定される。現在、金沢市東山にある寿経寺（浄土宗）の門前に祀られている七稲（なないね）地蔵は、もともと金沢城の東にある、卯辰（うたつ）山中腹にあったものである。七稲地蔵は、一八五八年（安政五）の飢饉の際、卯辰山より藩主に窮状を訴え、死刑となった五人および牢死した二人を供養する目的で造立された。

現在、金沢市神田二丁目に祀られている地蔵像（一八四二年〈天保一三〉造立）は、みの虫払いの役割を担っていた。害虫は江戸時代において現世に未練を残した死霊の化身とされていた。ゆえにこの地蔵像も死者供養の役割を担っていたと解釈できる。

祀られている場所を見ると、必ずしも村境というわけではない。三六ヵ所のうち、村境に祀られていると判断される地蔵像は四ヵ所にすぎない。現在、金沢市では一月一五日（もしくはこの前後）に左義長（前年の「お守り」等を燃やす祭）が行われるが、地蔵像は無関係である。現在、道祖神像は金沢市域にはない（滝本靖士「富山県・石川県の道祖神」『北陸石仏の会研究紀要』第一号、一九九六年）。それゆえ左義長に道祖神が関係することもない。

石川県金沢市に関しても、路傍に地蔵像を祀るようになった理由に道祖神との習合を想定することは難しい。

（四）「道祖神との習合説」の誕生

以上、東京・京都・金沢の三地域という限定ではあるが、いずれも路傍の地蔵像が道祖神とは無関係に祀られるようになったことを確認した。では、路傍の地蔵像と道祖神とはいかなる過程で関係づけられるようになっただろうか？『神道庚申記』（成立年代不明）には以下のようにある。

道しるべの石像も本来は岐神（くなどのかみ）（道中安全の神）であり、旅人が道に迷わないようにするものであった。道祖神は土地の神であるが、仏教の僧によって、地蔵と誤解されるようになった。

（窪徳忠『庚申信仰の研究―日中宗教文化交渉史』、一九六一年、日本学術振興会、一一〇〇頁）

これにしたがえば、『神道庚申記』成立の頃には道祖神が地蔵と混同されることもあったようである。『神道庚申記』の成立年代を推測できる箇所を同書より引用する。

庚申祭の功徳の功徳を説く。…おおよそ、庚という字も申という字も、ともに西方の金気を現す字である。金は万化の根源である。猿田彦（さるたびこ）は金気を司る神である。

（前同、一〇九九頁）

『神道庚申記』では庚申と猿田彦とを関係づけている。庚申と猿田彦との関係を初めて公に説いたのは山崎闇斎（一六一八～一六八二）である。闇斎没後に刊行された遺稿集『垂加草』（一七二一年〈享保六〉刊）には以下のようにある。

日本の庚申は、もともと猿田彦神である。この秘伝は、伊勢御師の口伝（くでん）による。

（「庚申考」『垂加草』附録上。『山崎闇斎』下巻、六六七頁下段）

庚申と猿田彦との関係は伊勢神道の口伝〈言い伝え〉にあったが、初めて文字で言明したのは、山崎闇斎である。なお、闇斎は弟子に対して、日常的に庚申と猿田彦との関係を説いていた。闇斎の高弟である浅見絅斎（一六五二〜一七一一）の弟子、若林強斎（一六七九〜一七三二）の遺稿集『雑話筆記』（一七六一年〈宝暦一一〉成立）には以下のようにある。

猿田彦は日本の宋学の祖である。山崎先生が常に猿田彦を慕っているのはこのことを理由としている。「猿田彦を祭るのは庚申の日である」と山崎先生はおっしゃっていた。庚申に関して最初に明らかにしたのは山崎先生である。

（日本思想大系『山崎闇斎学派』、四七九〜四八〇頁）

以上を踏まえると庚申と猿田彦とを関係づける記述のある『神道庚申記』は闇斎活動期以降の成立と想定される。

闇斎没後に発刊された、必夢[28]『延命地蔵菩薩経直談鈔』（一六九七年〈元禄一〇〉刊）には以下のようにあるのみである。

道祖神（どうそ）は道陸神（どうろく）または幸神（さいのかみ）ともいわれている。神道の人がいう道祖神とは我が国では猿田彦に当たる。

（勉誠社版、六二〇頁）

『延命地蔵菩薩経直談鈔』に道祖神が登場するのはこの一ヵ所のみであり、一六九七年（元禄一〇）当時、地蔵と道祖神とを関係づけることは一般的ではなかった。

鈴木忠侯（生没年不詳）『閑窓随筆』（一八二五年〈文政八〉刊）には、以下のようにある。

この頃、「庚申は猿田彦命の化身、大黒は大己貴命（おおなむちのみこと）の化身、地蔵は道祖神の化身である」と神道家がいっている。…このことは牽強付会の説にすぎない。

（東京大学総合図書館所蔵本、第一巻、八丁表）

また松浦星洲（別名　松浦国祐、生没年不詳）『洛陽十二社霊験記』（一八二七年〈文政一〇〉刊）には以下のようにある。

神道家は「地蔵は我が国でいう猿田彦である」といい、また「地蔵は我が国では道祖神に当たる」ともいっている。おなじことである。

（『新修京都叢書』第五巻、六一〇頁上段）

今一度確認すると、路傍に地蔵像が祀られるようになったのは、おおよそ江戸時代以降である。石造の道祖神像が路傍等に祀られるようになったのも江戸時代以降である（松村雄介「造塔を伴う道祖神信仰―その発生と展開」前掲。石田哲弥・椎橋幸夫『道祖神信仰史の研究』前掲）。江戸時代が進むに連れ、路傍に祀られるという共通性から両者は混同され（『神道庚申記』）、さらに神道家が両者を一体とする説を説くようになったのである（『閑窓随筆』・『洛陽十二社霊験記』）。

ただし、蓬室有常[29]『延命地蔵経和訓図会』（一八五三年〈嘉永六〉刊）でも、以下のようにあるのみで、神道家の説く、地蔵と道祖神との関係はなかなか浸透しなかったと考えられる。

路神とは「道の神」の事である。道祖神ともまた道陸神とも幸の神ともいわれている。我が国では猿田彦の命を道祖神といっている。（金沢大学暁烏文庫所蔵本、中巻、一〇丁表）

地蔵と道祖神とを関係づける説が一般化するのは、柳田國男（一八七五～一九六二）による日本民俗学の確立を待たなければならない。柳田の初期の著作である『石神問答』（初出一九一〇年〈明治四三〉）には、地蔵と道祖神（サエノカミ）とを関係づける記述がある。

地蔵は土地と関係ある仏教の菩薩である。賽の河原にいる地蔵尊はすなわち塞の神なのである。路傍に石の地蔵を立てるのも墓地の入り口に六地蔵を祀るのもまた一種石神の信仰に基づくものである。…路傍に祀られる地蔵像は塞神塔または庚申塔の displacement（置換）であることを世の中の人はわかっていない。（『柳田國男全集』第一五巻、六七～六八頁）

柳田は、道祖神の本質を遮る神とし、賽の河原にいる地蔵もまた遮る菩薩であるとし、両者に「遮る」という共通点があることを指摘した（河村能成「柳田國男の「道祖神」観―道祖神研究史の概観」『文化』第六二巻第三・四号、一九九九年）。また、路傍の地蔵像は道祖神（サエノカミ）の代わりであるという説が一般的でないことを指摘している。すなわち、この頃、道祖神と地蔵とを関係づける説は世の中では一般的でなかったのである。地蔵と道祖神とに共通点を指摘した柳田説は、民俗学研究所編『民俗学辞典』（一九五一年、東京堂出版）に取り入れられ、通説化した。

以上をまとめると、地蔵と道祖神との関係は、江戸時代以降、路傍に地蔵像と石造の道祖神像とが別個に祀られるようになった後、路傍に祀られるという共通点から両者が混同され、その後、神道家が両者を関係づけ、柳田國男が神道家の説を継承することで一般化した、といえる。路傍に地蔵像が祀られるようになった理由として、道祖神との習合が説かれることがあるが、両者は別個に祀られ、後に路傍の石造物という共通性から関係づけられたにすぎない。

第三節　現世利益

（一）江戸時代の傾向

江戸時代においても、地蔵は現世利益の役割を担っている。説話として多いのは、眼病治しである。

眼病は当時であれば、生き死にに関わる事柄である。江戸時代の説話集を見ると、生き死にに関わらない日常生活レベルの事柄を地蔵が解決してくれる話も増えてくる。

『三国因縁地蔵菩薩霊験記』第九巻第四話は、女人の白髪が、地蔵によって黒髪に変わる話である。『延命地蔵菩薩経直談鈔』第三巻第六六話は、地蔵が顎の外れを治してくれる話である[30]。普門元照（一六四四～一七〇五）『地蔵菩薩応験新記』（一七〇四年〈宝永元〉刊）上末第七話は、僧が失念した陀羅尼（経典の一節）を地蔵が教えてくれる話である。いずれも困りごとを解決してくれた話であるが、生き死にに関わる事柄ではない。

（二）不公平な地蔵

現世利益に関し、江戸時代になって生じた特徴を一つ述べる。それは、地蔵が公平性に欠けた加担をする話が説かれるようになったことである。

無論、古代・中世においても、地蔵は信じた人しか救済せず、公平性に欠けた加担をしていた。例えば信ずれば戦いに勝つ勝軍地蔵がこれに当たる（第三章第五節前述）。しかし、江戸時代の説話集を見ると、古代・中世以上に公平性に欠けた加担をする地蔵の話が説かれる。『三国因縁地蔵菩薩霊験記』第八巻第一三話は、地蔵が水争いの一方に加担する話である。

ちょうどその頃、日照りがあり、田に十分な水を供給できない事態となった。水の配分を議論し、喧嘩となった。田の主に仕える下男は半死半生となり、右も左もわからないような状態で臥せっていた。独り言に、「大変悲しいことである。地蔵を信仰していたのに、このような事態となるとは思ってもみなかった。地蔵は何の利益も授けてくれない」と恨みをいった。問題となった田に小僧一人が立ちふさがり、下男の田に水を引いた。傍らにいた人はいった。「そのように一方へ水を引くべきではない。先日、ゆゆしき水争いがあって、大事になった。田の主に頼まれるまで水を引くべきではない」と。

（榎本千賀・他編『一四巻本地蔵菩薩霊験記』下巻、二〇〇三年、三弥井書店、六九頁）

この後、小僧は矢を射られる。次の日、下男が寺に行ってみると、地蔵像に矢が刺さっている、という話である。『延命地蔵菩薩経直談鈔』第一一巻第二六話は、地蔵が盗人の便宜を図る話である。

長半は盗賊の大将であり、東海道に出没して恣（ほしいまま）に牛馬を盗んだ。…「白き馬を盗んだ場合は黒き馬とし、赤馬を盗んだ場合は青馬にしてください」と地蔵に祈ったところ、たちまち、毛の色が変わったため、馬主は盗まれたことがわからなかった。長半は、思うままに牛馬を売買することができた。

（勉誠社版、七七五頁）

浄慧[31]『地蔵菩薩利益集』（一六九一年〈元禄四〉刊）第二巻第一〇話は、地蔵が大法師となって、実戦に参加する話である。なお、説話中に明示はないが、話の舞台は一五八四年(天正一二)に起こった岸和田合戦と想定される。

根来雑賀の者どもが、岸和田城を攻め落とそうと押し寄せ、もの凄い勢いで城を囲み、鬨(かちどき)の声を挙げた。敵味方、互いに骨を砕く戦いをしていたところ、どこともなく大法師が一人忽然と現れて、根来雑賀の者どもに対し鉄棒を使って勇敢に戦った。…岸和田城の多くの人が「地蔵菩薩が助けに現れた」といったので、城主も「そのような事もありえよう。とにかくまず地蔵堂に参って、感謝しよう」といって、家来と共に急いで地蔵堂に行って、地蔵像を拝んだ。「どうしたことか、地蔵像には多くの矢が刺さっていた。鉄砲の痕も多数ある。地蔵菩薩が大法師となって我々を助けてくれたに違いない」といって、城主も家来も涙を流し、感謝した。

(私架蔵本二三丁表~二四丁裏)

古代・中世においては、小僧と化した地蔵が矢を補給し、結果、戦いに勝つという話があった(第二章第二節(三)および第三章第五節にて引用)。また、中世においては老僧と化した地蔵が敵の矢を防御してくれた話があった(第三章第六節にて引用)。これに対し、江戸時代に説かれたこの説話は、武器の補給や防御に留まらず、地蔵が実戦に参加していることが特徴である。なお、第三章第五節で言及した清水寺(現・京都府京都市東山区)の勝軍地蔵は、夷狄征伐という大義名分を掲げていたが、この説話では当地に平和をもたらしたという大義名分を掲げている。

かくて根来衆も雑賀衆も羽柴秀吉公に負け、日ごろの乱暴も治まった。当国の人民は、ますます安心した。ひとえに地蔵菩薩の恩恵である。（前同、二四丁裏）

ちなみに相手が鉄砲による戦闘技能で有名な根来衆・雑賀衆であったせいか、地蔵像が被弾しているのも特徴的である。

この説話は『延命地蔵菩薩経直談鈔』に引用され（第三巻第六五話）、天性寺（浄土宗）の縁起として説かれている。秋里籬島（生没年不詳）『和泉名所図会』（一七九六年〈寛政八〉刊）には以下のようにある。

蛸地蔵。岸和田城下にある天性寺にある。当寺の地蔵菩薩は、一三三四～一三三六年（建武年中）、蛸の背に乗って海浜に出現した。…一五七三～一五九二年（天正年中）、松浦氏が岸和田城にいた頃、紀州（現・和歌山県）[32]を根拠地とする根来や雑賀の逆徒が近隣を侵し、岸和田城を落とそうとした。この時に城中に大法師一人が現れた。剣術の妙手を使い、勇敢に戦った。逆徒は、大いに恐れ、しどろもどろになって敗走した。大法師は、敵を追い散らした後、忽然と見えなくなった。人は皆「不思議なことだ」といった。軍が解散した後、城主は、蛸が堀に浮かんでいるのを見た。「これは奇怪なことだ」といって、多くの人数に堀を探らせたところ、地蔵像が発見された。このことによって、戦場に現れた大法師は地蔵の化身とわかった。…世間の人々は、この地蔵像を蛸地蔵と呼んだ。

（柳原書店版、二七九頁）

天性寺は現在、大阪府岸和田市南町にあり、蛸地蔵を本尊の一尊として祀っている（もう一尊は阿弥陀仏）。最寄り駅は蛸地蔵駅（南海電鉄南海本線）である。

第四節　悪さをする地蔵

江戸時代において、地蔵が古代・中世以上に公平性を欠き一方に加担するようになったことと並行して、地蔵像が生きている人間の姿となって現世に現れ、悪さをするという話が出てくる。その先駆けとして、浅井了意『東海道名所記』（一六六一年〈寛文元〉頃刊）に記す、大磯切通しの石地蔵があげられる。

東海道は大磯（現・神奈川県大磯町）に切通しがある。右面には、石地蔵が祀られている。この地蔵は、夜毎に化けて往来の人を誑かしていた。[33] 紀州の某は、急いでいたため、夜も歩いてこの切通しを通ったところ、地蔵が美しい女に化けて某を誑かした。しきりに恐怖を感じたので、刀を抜き女を切ってしまった。正気を取り戻し近づいて見てみると、石地蔵の首が打ち落とされていた。このことによって、首斬(くびきれ)の地蔵と呼ばれるようになった。(東洋文庫版第一巻、一一〇頁)

この話では、地蔵は旅行く人を驚かす程度の悪戯しかしていない。なお、首を切られたからといっても、地蔵が祟ったわけでもない。時代が下って猷山(生没年不詳)『諸仏感応見好書』(一七二六年〈享保一一〉刊)では、地蔵が在家の男となって女の寝床に入り、成敗を受ける話がある。

武州野島(現・埼玉県越谷市野島か?)にある浄珊寺(34)の本尊である地蔵尊には、幾多の霊験がある。その一つを以下語る。ある時、地蔵は男に化けて寺を出て、女の寝所に入り、「夫婦になりましょう」といった。また、ある時「お話しましょう」といった。人々は不審に思った。人々は夜、待ち受けて、棒を以て数回、男を叩いた。

(『仏教説話集成』第一巻、七九頁)

三好想山(?〜一八五〇)『想山著聞奇集』(一八五〇年〈嘉永三〉刊)では「夜ばい地蔵」の話を載せる。

武州入間郡富村(35)の地蔵尊の霊験は著しい。近所の人は無論のこと、遠くからも参詣にやってくる人がいる。この地蔵尊の事を、人々は富の夜ばい地蔵と呼んでいて、その名は有名である。私は、この地蔵の事を村長に聞いたところ、村長は「夜ばいを行うからその名が付いた」と答えた。私は「夜ばいとはどのようなことですか」と質問したところ、村長は「若い人妻、美しい娘などがいるところへ移動し、いたずらを行うという意味だ」といった。

（『日本庶民生活史料集成』第一六巻、四九頁下段）

さらに、生きている人間の姿で現れた地蔵が、お金をごまかすという伝承も生まれてくる。浄土真宗の僧、十方庵敬順（一七六二～一八三二）『遊歴雑記』（一九世紀前半成立）には以下のようにある。

小石川戸崎町（現・東京都文京区白山）に有名な豆腐地蔵というのがある。喜運寺（曹洞宗）に祀られている。豆腐地蔵という名前は、以下の話に由来する。一七一六～一七三六年（享保年間）頃、豆腐屋があった。この豆腐屋へ毎夕のように、八、九歳ぐらいの小坊主が豆腐半丁を買いにやって来た。…店を終わってから売り上げを勘定してみると、小坊主の来た日に限って小石が混じっている。…ある夜、いつものように、小坊主が豆腐を買いにやって来た。小坊主は銭を払い、豆腐を受け取って帰った。豆腐屋はその跡をつけ、豆腐切りの包丁で、小坊主の肩先を目がけて切り付けた。…豆腐屋は血の跡をつけて行くと、喜運寺境内の地蔵堂の前で止まっている。…寺男がふと堂の中の地蔵様を見てびっくりした。寺男は「地蔵様が肩に怪我をしている」と叫んだ。…「さては地蔵様が小坊主に化けて豆腐を買いに来たのであったか」と、豆腐屋は恐れ入った。

「豆腐屋はケチでお寺に一切お布施を行わず、信心もないため仏事も特には行わなかった。だから地蔵が不憫に思い、霊験を現した」と人々は噂した。そして、「毎夕豆腐を買うということはさぞかし豆腐好きなお地蔵様だ」ということで、参詣者は豆腐を供えるようになった。このため、豆腐地蔵と呼ばれるようになった。

（第三巻下、『江戸叢書』第五巻、二八二〜二八三頁）

なお、この話において豆腐屋はお布施や仏事を行わなかっただけで、具体的瑕疵があったわけではない[36]。

江戸時代になると悪戯する地蔵という話が生まれてきた。今一度確認すれば、地蔵は仏教の菩薩である。それにもかかわらず、江戸時代においては、時に悪戯をする存在となったのである。

第五節　救済の間接化

中世においては生きている人間の姿を取った地蔵が現世に現れ、現世利益を直接的に施してくれた。これに対し、江戸時代になると、生きている人間の姿で現れた地蔵に会わなくとも、現世利益を受けることができるようになった。いわば、救済の間接化である。例えば、『三国因縁地蔵菩薩霊験記』第九巻第八話は、印仏（仏・菩薩などの姿を木に彫り込んで、紙などに摺り写すこと）によって疫病にならない話である。

上人は香箱のなかより、小さな地蔵の印板を取り出して、香水によって摺り写して女に授けた。女は受け取って、毎日、香水によって一千六体を摺り写した。…その頃、天下に疫病が流行（はや）って多くの人が亡くなったが、この女一人のみ、病気にならなかった。

（『一四巻本地蔵菩薩霊験記』下巻、一〇二〜一〇三頁）

『地蔵菩薩応験新記』上本第一話は、死に至る病が、地蔵像の祀られている方角に祈るだけで治る話である（治った後に刀を奉納はしているが、いずれにせよ人間の姿を取った地蔵には会っていない）。

一六六二年（寛文二）の春、新兵衛は慢性の病に加えて下痢となり、ほとんど起きることができなくなった。…地蔵が祀られている浄信寺（時宗、現・滋賀県長浜市木之本）のある近江国の方角である南に顔を向け、威儀正しく坐り合掌し、「南無一心頂礼大慈大悲地蔵菩薩、地蔵の誓願が成就しているのであれば、私の病を速やかに除去してください。もし私が死に至る状態から逃れることができれば、刀を作ってあなた様の恩義に報い、あなた様の所まで赴いてあなた様を拝みます」と至心に祈願したところ、不思議なことに、それ以来爽快を感じるようになった。血行も良くなり、数ヵ月も経たずして完治した。明くる年の五月、長さ九寸五分（約二九センチ）の短刀を作って、浄信寺に往き、地蔵に感謝し、これに奉納した。

（『仏教説話集成』第二巻、二一〇〜二一一頁）

「間接化」が顕著なのは、必斎（生没年不詳）『地蔵菩薩一万躰印行縁起』（一八二六年〈文政九〉刊）である。同書は、序、計一三話の説話、および印仏の注意点（計一七ヵ条）から成る。杉山友美によって活字化されている（「〈翻刻〉叡山文庫蔵『地蔵菩薩一万体印行縁起』二種―地蔵尊像流水供養説話資料集成（二）」『実践国文学』第五三号、一九九八年）。

第一話の筋を紹介する。労咳（結核）を発症した旗本の夢に地蔵が現れ、地蔵の姿を摺り写すことを奨めてくれた。夢から覚めると、枕元に板木（印板）がある。この板木で地蔵像一万体を摺り写したところ病気が治った、という話である。第二～一〇話は、おおよそ、この尊像を複写し、板木を作り、その板木（さらに複写した板木）で一万体を摺り写すと病気が治る、という筋である。すなわち第二～一〇話においては夢ですら地蔵に会っていない。

第一一話は、死後、餓鬼道に堕ちそうになり、五、六人の僧に救われる話を含む。五、六人の僧は地蔵の化身と解釈される。第一二話は、船中より海に財布を落とすが、老翁（地蔵の化身）により取り戻す話である。第一三話は、地獄に堕ちるが、一人の僧（地蔵の化身）によって蘇生する話である。『地蔵菩薩一万躰印行縁起』では、第一一・一二・一三話等例外はあるが、多くは生きている人間の姿を取った地蔵に会うことなく、地蔵の姿を摺り写すという間接的な方法で現世利益を受けているのである。

このことは説話世界に留まらない。一七一三年（正徳三）以降、江戸下谷（現・東京都台東区下谷等）の高岩寺は、同寺で祀る延命地蔵尊（通称　とげぬき地蔵）の姿を摺り写した御影（おみかげ）を飲めば、病気が治るという伝承を打ち出し、「とげぬき地蔵」はハヤリ神となった。代参の人が寺に赴き御影を購入するという方法であれば、病人は寺に詣ることすら必要とされない。寺に詣る必要すらない「地蔵の御影」が流行ったことが紆余曲折を経て、今日、巣鴨地蔵通り（東京都豊島区巣鴨）の隆盛を生み出すのである（第五章第三節後述）。

まとめ

江戸時代になると、地蔵の活躍の舞台が冥途・地獄から現世に移っていったという通説に対し、本書では異なる見解を打ち出した。

まず確認しておけば、数的には減少しているものの、地蔵説話集には依然、地蔵が冥途・地獄から救済してくれる話もあった。江戸時代は世の中が平和になり堕地獄の恐怖が薄れた時代である。また、江戸時代は寺請制によって、亡くなったら誰でも葬式をしてもらえる時代でもある[37]。このため、冥途・地獄から救済される話が特段必要なくなったため、相対的に現世利益譚の割合が増えた。数的に少ないということをもって、地蔵の冥途・地獄からの救済の役割が薄れてしまったとはいえない。地域限定ながら、江戸時代に祀られるようになった路傍の地蔵像の分析を行うと、死者救済を一目的に祀られるようになったものが多い。説話の数は相対的に減少したが、地蔵の死者救済の役目は依然維持されていたのである。

無論、江戸時代になって地蔵信仰が変化しなかったというわけではない。江戸時代になると、地蔵は古代・中世と比較して、より公平性に欠けた加担をするようになった。さらに、地蔵は時に悪さをするようになる。また、古代・中世においては生きている人間の姿で現世に現れた地蔵が直接的に救済してくれたが、江戸時代は、地蔵の姿を摺り写すだけで救済してくれるようになっている。すなわち、直接的救済から間接的救済へ変化しているのである。

註

（1）良観に関しては第三章註（14）参照。
（2）『三国因縁地蔵菩薩霊験記』に関しては第三章註（16）参照。
（3）法城寺はもともと現・山梨県甲府市国母にあったが、一五七三〜一五九二年頃（天正年中）、現・山梨県甲府市東光寺にある東光寺（臨済宗）の一院となった。したがって少なくとも江戸時代以降は臨済宗寺院である。主人公の生没年（註（4）参照）から類推するにこの話は移転前の話と想定される。
（4）原隼人佐昌勝は不詳。原隼人佐昌胤であれば武田信玄（一五二一〜一五七三）の家臣であり、一五七五年（天正三）の長篠合戦で亡くなっている。新日本古典文学大系該当箇所の脚註による。
（5）無論、江戸時代においても地獄絵の絵解きは行われており、加えて、地獄を題材とした芸能も演じられていた。しかし、「地獄の沙汰も金次第」というフレーズが一般化した時代でもあった。すなわちたとえ地獄に堕ちても何とかなると思われていた時代であった。
（6）小正月とされる一月一五日は、旧暦では年が改まって最初の満月の日である。
（7）もともと別々の場所に祀られていたものが、荒川の改修等で一ヵ所に集められたとされる（『北区史』民俗編三、五一四頁上段）。

（8）ただし、かつては村境等路傍に祀られていたが、道路の改修で、神社に移されたケースもある。石田や松村はそうした可能性も考慮している。

（9）東京23区域において、病気平癒の役割を持つ地蔵像は、これ以外にも多数ある。

（10）二〇一五年（平成二七）、金剛院境内にマンガ地蔵が造立された。近隣に「トキワ荘」という手塚治虫・石ノ森章太郎・藤子不二雄といった漫画家が住んでいたアパートがあったことにちなんでいる。マンガ地蔵の光背は、漫画制作に使うペン先の形をしている。テレビの旅番組では道標地蔵に一顧だにせず、マンガ地蔵が取り上げられることが多い。

（11）現在、レンタル料の相場は、三〇〇〇円～とされる（大野裕之『京都のおねだん』二〇一七年、講談社、六三～七三頁）。

（12）小野篁（八〇二～八五二）は平安時代の貴族である。昼は朝廷に仕え、夜は冥府（死者を裁く裁判所）で閻魔王に仕えていたという伝説が伝わる。

（13）千菜寺は六斎念仏の本山の一つとされる。

（14）相撲は「年占」（その年の豊凶を占う）を伴う行事であることから、豊作を祈る行事とされることもある。しかしながら、豊作を祈ることと、災厄をもたらす死霊を鎮めることとは矛盾する訳ではない。相撲を行うことで死霊が鎮まり、豊作が期待されるのである。飯田道夫『相撲節会—大相撲の源流』（二〇〇四年、人文書院）。

（15）回向院は一六五七年（明暦三）、同年に起こった明暦の大火（振袖火事ともいわれる）で亡くなった人を供養することを目的として、創建された。創建当初は無宗派だった。

（16）このことの傍証として、六地蔵めぐりの時期を考えたい。六地蔵めぐりは、江戸時代において旧暦七月二三・二四日に行われていた。すなわち盆の送り火（旧暦七月一六日）の後である。盆の送り火は先祖の霊を送るものである。六地蔵めぐりの時期において、すでに先祖は「あの世」に帰ってしまっている。したがって、六地蔵めぐりで救済すべき死霊は、先祖の霊とは別な霊と考えるべきである。

(17) 「新仏」は未だ安定していない死霊であるため、先祖霊に対する供養とは異なる、特別な供養が行われる。「新仏」という言葉は使わなくとも、一周忌もしくは三周忌を経るまでは当該の死霊に対して特別な供養を行うという地域は多い。

(18) 本書は一般書なので、「模倣」という言葉を使ったが、専門用語を借りれば「写し」である。例えば、江戸時代、富士山の「写し」として（富士山に行けない人のために代用として）江戸の各地に富士塚が作られた。江戸時代において霊場に行けない人のための代用として全国各地に様々な写し霊場が作られた。

(19) 旧二条城（足利義昭邸）に関して以下のルイス・フロイス『日本史』参照。「石垣用の石材がなくなったので、信長は石仏を取り壊すことを命じた。石仏には縄が掛けられ、工事現場に運び込まれた。京都の人々は石仏に信仰心があったので、驚愕と恐怖の念を起こした。信長の部下は各寺院から毎日一定数の石仏を運んできた。」（東洋文庫版第四巻、一六〇頁）。

御土居に関しては中村武生「埋納された石仏」（『御土居堀ものがたり』二〇〇五年、京都新聞出版センター）参照。

(20) 壬生寺は壬生狂言（無言劇）で有名だが、『太平記』（一三七〇年頃成立）に言及される縄目地蔵を祀っており、一時期は地蔵霊場としても有名であった。また幕末に新撰組が訓練所としたことでも知られている。

(21) 撮影日においては、新型コロナ対策のためか、石仏付近が立ち入り禁止であったため、公道より柵越しに撮影した。吉本健吾「石仏群」（京都市埋蔵文化財研究所編『京を発掘！ 出土品から見た歴史』二〇一五年、京都新聞出版センター）に鮮明な写真が掲載されている。

(22) これらの石仏の多くは、戦国時代に制作された阿弥陀仏であり、死者供養を目的としていたとされる。佐野精一『京の石仏』(一九七八年、サンブライト出版)一二一～一二三頁。

(23) 化粧を施された地蔵像は化粧地蔵と呼ばれる。京都以外に近畿地方中央部～北部や青森県津軽地方等に見られる。常に化粧が施される、地蔵盆の際に施される等、化粧の時期は町・村によってばらばらである。

(24) 井上頼寿『京都民俗志』(一九三三年〈昭和八〉刊)には「京都では、地蔵盆の際、町内に祀る地蔵像全体を白く塗り、その上に顔や衣服、持ち物などを描く風習がある」(二六三頁)とある。これにしたがえば、戦前においては六地蔵めぐりの各地蔵像同様、町においても地蔵像全体を白く塗るのが一般的であったといえる。

(25) 一九八〇年代であれば、地蔵盆の際、六斎念仏を行う町もあった(奥野義雄「地蔵盆と念仏講―地蔵盆にみる念仏講の諸相と地蔵盆の原初的形態を中心に」『仏教民俗学大系』第六巻、一九八六年、名著出版。安達俊英「地蔵盆」中村元編『仏教行事散策』一九八九年、東京書籍)。これが仮に江戸時代に遡れるのであれば、町の地蔵祭(現・地蔵盆)は六地蔵めぐりの模倣であるとする説の一論拠となる。今後の課題としたい。

(26) 「ヵ所」としているのは六地蔵等一ヵ所に複数の地蔵像が祀られていることがあるためである。七稲地蔵も一ヵ所に七体の地蔵像が祀られる形である。

(27) 一年に一体ずつ造立の形である。

(28) 必夢(生没年不詳)は一六六一～一七〇四年〈寛文～元禄年間〉頃活動したことしかわかっていない。久野俊彦「選者必夢の事蹟」(渡浩一編『延命地蔵菩薩経直談鈔』一九八五年、勉誠社)。

(29) 蓬室有常(生没年不詳)には『延命地蔵経和訓図会』以外に『中臣大祓図会』・『六根清浄大祓図会』といった著作がある。

(30) 普門元照は現・石川県金沢市芳斉にある高巌寺(臨済宗)の僧であった。現在、同寺には地蔵像が複数祀られている。

（31）浄慧（生没年不詳）には『地蔵菩薩利益集』以外に『地蔵菩薩利生記』・『戒法随身記』といった著作がある。西田耕三『近世の僧と文学―妙は唯その人に存す』（二〇一〇年、ぺりかん社）。
（32）紀州は現・和歌山県および三重県南部にあたる。この文章だと当該地域は現・和歌山県域と解釈される。
（33）紀州については註（32）参照。
（34）現在、「浄珊寺」という名前の寺はない。ただし埼玉県越谷市野島には浄山寺（曹洞宗）があり、野島地蔵尊で有名である。
（35）「入間郡富村」には、幾つか候補があり、特定できない。原文には「江戸より十里余西なり」とある。
（36）現代においては、概して豆腐地蔵の話は改作され、豆腐屋が質の悪い豆腐を売り金儲けをしたので、地蔵が諫めたという筋になっていることが多い。テレビ「まんが日本昔ばなし」でも同様である（一九八四年八月、初放送）。
（37）考慮すべきは行き倒れの死であるが、これも幕府の命により当該地域の人々によって仏式葬儀が行われたはずである。高橋敏「近世の民衆の旅と行旅病死」（『家族と子供の江戸時代　躾と消費からみる』一九九七年、朝日新聞社）。

第五章　明治時代から現代の地蔵信仰

はじめに

第四章では、江戸時代になっても、地蔵の死者救済の役割は残っており、さらにそのなかでも非業の死者を救済する役割を担っていたことを述べた。第五章では、江戸時代の地蔵信仰が明治時代以降、どう継承され、どう変化したのかといった事柄を述べる。

明治時代になって宗教界にまず生じたのは廃仏毀釈であった。廃仏毀釈は、一八六八年（明治元）、明治政府の出した神仏判然令に端を発した仏教排斥運動である。ただし、全国均一ではなく、国学者の政治力が強い地域に顕著であった。これによって、地域によっては路傍の地蔵像が破壊されることもあった。例えば、京都では路傍の地蔵像が小学校の便所の踏み台となったという伝承が伝わる。

京都では、旧習一洗に熱心な槇村正直（当時府参事。本章第四節後述）が行政の実権を握り、廃仏毀釈を指導した。…農村部では、小学校の新築に、付近の石地蔵を集めて土台石や便所の踏み台に用いた。児童が罰をおそれて便所を使用しないので、教師がみずから石地蔵の上で用を足してみせ、仏罰が当たらないことを実施教育したという。

（村上重良『国家神道』、一九七〇年、岩波書店、一〇〇頁）

この伝承は、京都でも農村部の話であり、都市部では壬生寺[1]（律宗、現・京都府京都市中京区）に集められたと伝わる（第四章［写真3］参照）。

京都では、これまで路傍ごとに地蔵像が祀られていたが、明治政府の命令により撤去され、残らず壬生寺に遷された。

（『日要新聞』。一八七二年〈明治五〉一月、『史料　京都の歴史』第三巻、六七七頁下段）

箱根権現を祀る、現・神奈川県箱根町でも廃仏毀釈が行われ、地蔵像の光背が破壊された写真が残っている（箱根町立郷土資料館編『箱根彩景─古写真に見る近代箱根のあけぼの』、二〇〇〇年、箱根町立郷土資料館、一〇五頁に掲載）。

一八七四（明治七）年、白山修験の修行場であった白山（現・石川県白山市と岐阜県大野郡とにまたがる山）に祀られていた仏像が石川県令の命により破棄された。一部は難を逃れ、林西寺（浄土真宗、現・石川県白山市白峰）や尾添白山社（現・石川県白山市尾添）等に祀られるようになった。「白山下山（げざん）

仏」として林西寺に祀られる仏像のなかに地蔵像が含まれることを考えると、破棄された仏像のなかには地蔵像もあったと想定される。また、白山中腹にある剃刀窟には、破棄されたと思われる破損仏が多数ある。このなかには、地蔵像だったのではないか？　と思わせる仏像下部も存する［写真1］。

現在、東京都御蔵島には、首を切られた地蔵像が複数ある。これは、一八七一年（明治四）、国学者である萩原正平（一八三九〜一八九一）が廃仏毀釈の一環として破壊したものである。

廃仏毀釈は、明治政府が教導職設置（一八七二年〈明治五〉）といった形で仏教を利用しようとしたこともあって、一八八〇年（明治一三）頃には下火になる。地蔵信仰に影響を与えたのは事実であるが、長期的なものではなかった。

写真1　白山中腹にある剃刀窟にある破棄されたと思われる破損仏。2004年9月。佐々木聡撮影。

明治政府の政策で地蔵信仰に長期的影響を与えたのは、一八七三年（明治六）より始まった地租改正である。地租改正により土地の所有者が定まり、原則、誰のものでもない土地はなくなった。明治時代以降に祀られた地蔵像は、路傍にあるように見えても、調べてみるとその地は私有地と判明することが多い。さらに戦後、日本国憲法によって、政教分離が規定され、公有地に地蔵像を祀ることは、違憲ではないにせよ、困難になった（序章前述）。

思想面でいうと、西洋化の流れのなか、廃仏毀釈（一八六八年〈明治元〉に始まる〉・寺請制の廃止（一八七一年〈明治四〉）といった状勢の大きな変化を受け、仏教界はこれまで担ってきた病気治しや占い等の迷信を捨て、仏教教学の研究・布教に専念するようになった。この延長上にあるのが、井上円了（一八五八〜一九一九）により迷信を打破する目的で行われた妖怪撲滅運動である。結果、寺が表だって病気治しをすることは稀になっていった。仏教界が迷信を否定的に位置づける傾向は戦後も続いている。

こうした状勢のなか、地蔵信仰はどう継承されたのか、どう変化したのか、という問題を以下分析する。

第一節　非業の死者の救済―東京都域の事例を中心に

江戸時代において、地蔵の死者救済の役割は維持されていた。明治時代以降、地蔵の死者救済の役割はどうなったのか？　結論からいうと、引き続き、地蔵は、非業の死者を救済する役割を担っていた。まず三吉朋十『武蔵野の地蔵尊』都内編（一九七二年、有峰書店）によって、東京都域の事例を紹介する。現在、新宿区西新宿六の成子坂に祀られる子育地蔵は、一八九二年（明治二五）造立である。由来は以下のとおりである。

むかしは、この辺は街道すじであったといいながら、人の往来は少なく、しばしば追い剝（は）ぎや盗賊の類などが出没して害を被るものもいた。坂の彼方のある家に奉公する男がいたが、たまたま暇をもらって故郷に帰ろうとして、この坂下まで来たとき、横道から忽然と追い剝ぎが現れ、この男を殺して財布をうばって逃げた。あとからわかったことであるが、殺されたのは実はわが子であった。追い剝ぎは、わが子であるとはつゆ知らず殺してしまったのである。父の驚きは言語に絶し、いくら悔いても死んだ子は帰ってこない。ただちに一体の地蔵尊を造って、父は堂守となって一生を終わったという。（三吉朋十『武蔵野の地蔵尊』都内編、前掲、一三三頁下段）

現在、北区岩淵町にある正光寺（浄土宗）に祀られている鎮台戦没者供養地蔵は、日清戦争（一八九四～一八九五）で戦死した軍人を供養する目的で一八九六年（明治二九）に造立されたものである。この頃は、まだ靖国神社に対する意識が薄かったと考えられる。戦死し、靖国神社に祀られた軍人が英霊とされるようになったのは、日露戦争（一九〇四～一九〇五）以降である。また、靖国神社が他の官幣社に対して優位性を有するのも日露戦争以降である。さらに全国的に招魂社創建の動きが活発になるのも、日露戦争以降である（今井昭彦『近代日本と戦死者祭祀』二〇〇五年、東洋書林）。少なくとも日露戦争以前において、戦死者を供養する目的で地蔵像が造立されることがあったのである。

現在、台東区谷中にある観音寺（真言宗）に祀られている六面塔五地蔵（一九一七年〈大正六〉頃造立）には以下の話が伝わる。

一九一七年（大正六）のころ、この寺の付近に住んで教鞭をとる某がいた。某は精神が錯乱してそこに居合わせた妻子五人を殺害し、自分もまた自害してしまった。…近隣の人たちは惨殺された五人の菩提を哀れみ、この六面塔を造立した。（前同、七三頁下段）

こうした、非業の死者を供養する役割は、戦後にも継承される。代表的な例としては、一九四五年（昭和二〇）におきた東京空襲の死者供養である。現在、板橋区大山金井町一六（東武東上線大山駅近く）に祀られている地蔵陽刻の石塔は、東京空襲によって亡くなった九名を供養するために一九五〇年（昭和二五）造立されたものである。東京都大田区多摩川一丁目（東急多摩川線矢口渡駅近く）に祀られる放光地蔵も、東京空襲の死者を供養することを目的として、一九五七年（昭和三二）に造立されたものである。

なお、非業の死者の一種である、夭死者を救済する役割も引き続き担っていた。昭和四〇年代まで東京23区の北西部を流れていた千川上水は、現在、暗渠となっている。暗渠となる以前の川縁には宗教的構築物が多数あった。日川地蔵は、一九四〇年（昭和一五）に、溺死した子どもを供養するために、現・練馬区中村北一丁目に造立されたものである。[2]千川地蔵は、一九二五年（大正一四）、千川上水の川底にて発見された。そして溺死者供養のため、現・東京都豊島区南長崎六丁目に祀られるようになった。[3]溺死者は必ずしも子どもと限らない。溺死の原因は、工業用水供給のため、千川上水を増水させたことに求められる（深田伊佐夫「千川上水における流域環境の変化と宗教的構築物について」

『中央学術研究所紀要』第四二号、二〇一三年）。そうであれば、突然の増水に水遊びをしていた子どもが溺死したケースが多かったと推測される。

一九六三年（昭和三八）当時、東京都に住んでいた四歳の村越吉展は、誘拐犯に惨殺された。この死を供養するために造立されたのが、吉展（よしのぶ）地蔵である。吉展地蔵は二ヵ所にある。回向院[4]（浄土宗、荒川区南千住）に、東京母の会連合会等が発起人となって造立されたものと、遺体発見場所である円通寺（曹洞宗、荒川区南千住）に造立されたものの二体である。

品川区南品川にある海徳寺（日蓮宗）に祀られる、ホームラン地蔵［写真2］は、一九六二年（昭和三七）、心臓病で亡くなった少年を供養する地蔵である。「ホームラン」と付くのは、生前、少年が王貞治（当時プロ野球選手。一九四〇〜）と交流があったことに由来する。一九六二年（昭和三七）は、王貞治が初めてホームラン王になった年でもある。

写真2　海徳寺（日蓮宗、東京都品川区南品川）にて祀られるホームラン地蔵。2020年9月15日撮影。

本節の最後に他地域の事例を一例挙げる。石川県金沢市窪にある墓地西側には、数体の地蔵像が祀られている。うち一体は一九九三年（平成五）、小学校通学中において交通事故に遭った児童を供養するために造立されたものである。八月一六日の地蔵祭においては、「賽の河原地蔵和讃」が唱えられる。地蔵の、非業の死者を救済する役割は、第二次世界大戦後も継承されたのである。

第二節　水子地蔵の発生

非業の死者を救済する地蔵の役割により、一九七〇年代以降、水子を供養し救済するために水子地蔵像が各地で盛んに造立されるようになった。この場合の水子は、「胎児。特に、流産または堕胎した胎児」の意である。堕胎は江戸時代には行われていたことが確認される。堕胎の近代的形態である、妊娠中絶は、改正優生保護法（一九四九年〈昭和二四〉→一九九六年〈平成八〉廃止）により実質合法化されたため、一九五〇年代前半に急増した。

堕胎によって亡くなった胎児を供養する風習は、江戸時代にもあった。例えば、一七九三年（寛政五）、当時の老中、松平定信（一七五八～一八二九）が回向院（浄土宗、現・東京都墨田区両国、第四章第二節（二）前述）に造立した水子（みずこ）塚[5]は、堕胎等によって亡くなった胎児・夭死者等を供養することを目的としていた（したがって、この場合の「水子」は夭死者を含む。江戸時代の「水子」はこの意）。しかしながら、江戸時代の「水子」供養と一九七〇年代以降の水子供養とでは大きな違いが存する。江戸時代の「水子」は賽の河原で鬼にいじめられる弱々しい存在であったのに対し、一九七〇年代以降の水子は、時に両親に祟る強い力を持った存在と認識されていた。

一九七〇年代以降の水子供養においては、水子に対して戒名を付ける等大人並みの供養が行われている。江戸時代において「水子」は、まだ大人になっていない存在と認識され、それゆえ、供養においては戒名が付けられず、現世への生まれ変わりが期待される存在だった。そうであれば、一九七〇年代に大人並みの供養を行うという意の水子供養が発生した理由も明白である。

一九六〇年代以降、自宅出産が減り、病院出産が一般化していった。一九七〇年代以降、産婦人科病院では、超音波検査が一般化していった。産婦人科病院で超音波検査を受ければ、胎児の姿がおぼろげながらわかる。一九七〇年代以前において、胎児は胎内に居るという神秘的な存在であったのに対し、一九七〇年代以降、超音波検査の普及によって、姿がわかるようになったため、胎児は「人」と見なされるようになったのである（速水侑『観音・地蔵・不動』前掲、二二〇頁。鈴木由利子「水子供養流行と社会」『選択される命―子どもの誕生をめぐる民俗』二〇二一年、臨川書店）。つまり胎児の死は「人」の死となった。中絶による胎児の死は非業の死であり、中絶によって亡くなった胎児は供養をしないと祟る存在と時に見なされるようになったのである。この観念が全ての人の共通認識であったかは定かではない。しかし、一九七〇年代以降の水子供養の隆盛から、この観念を信じた人が多くいたことは確かである。

ところで一九七〇年代以降の水子供養は依頼者の要請によってのみ始まったわけではない。女性の相談を受ける霊能者（拝み屋）が、水子物語の創作の一端を担っていたことが指摘されている（森栗茂一「水子供養の発生と現状」『国立歴史民俗博物館研究報告』第五七集、一九九四年）。すなわち、相談者の「最近体調が悪い。水子のせいではないか？」といった相談を受け、解決の道を探るなかから水子に関する物語が創作されていったということである。なお、この問題を考えるに、高度経済成長期（一九五五～一九七三）以降、動物霊の憑依と見なされる現象が稀になったことも等閑視できない（石川純一郎『地蔵の世界』一九九五年、時事通信社、三六頁）。都市化された現代社会において、体の不調の原因を動物霊の憑依とすることは説得力を持たない。一方、水子霊による祟りという言説は、前述した胎児を「人」と見なす観念の定着によって、説得力を持つのである。

話を地蔵に戻す。一九七〇年代に発生した、現代的水子供養において地蔵像を造立する理由は、非業の死者を救済する地蔵の役割による。以前と違って、胎児の死は非業の死となり、祟る死ともなった。以前からの地蔵の役割を考慮すると、現代的水子供養に地蔵が関与するのは当然のことといえる。

水子地蔵という名称の初出は、一九七〇年（昭和四五）に造立された、化野（あだしの）念仏寺（浄土宗、京都府京都市右京区嵯峨野）の地蔵像とされる（宮田登「「水子霊」の復活」『「心なおし」はなぜ流行る―不安と幻想の民俗誌』一九九三年、小学館）。当該の水子地蔵像造立は、依頼者からの発願による。翌一九七一年（昭和四六）、埼玉県秩父市に紫雲山地蔵寺（通称　水子地蔵寺、無宗派）が創建される。同寺は水子供養を願って作られた。同寺の水子供養においては、小型の水子地蔵像を奉納することがすすめられる。当時、同寺の住職であった橋本徹馬[6]が著した『水子地蔵寺霊験集』（一九七八年、紫雲荘）によって、水子の祟りの恐怖と、水子供養の必要性が世の中に広まった（鈴木由利子「水子供養にみる胎児観の変遷」『選択される命―子どもの誕生をめぐる民俗』前掲）。同書は、手紙による相談に答えるという形を取って、水子供養の大切さを訴えている。同様に水子の祟りの恐怖と、水子供養の必要性を訴えた著作としては、中岡俊哉『水子霊の秘密』（一九八〇年、二見書房）。三浦道明『愛―もし生まれていたら―幸せをつかむ水子供養の実証』（一九八一年、文化創作出版）等が挙げられる。中岡俊哉（一九二六～二〇〇一）は一九七〇年代の心霊写真ブームの仕掛け人でもある。三浦道明（一九三四～二〇〇四）は、水子供養を推進した僧であり、円満院（無宗派、滋賀県大津市園城寺町）の住職であった。これらの本および中岡や三浦を紹介する雑誌記事等によって、水子供養は普及していった。

以上のごとく、水子供養は、一部の宗教者（霊能者を含む）が推進した面が強い。しかしながら、水子供養において、地蔵像造立を伴うことを多くの人が受容したことも事実なのである。現代においても、非業の死者を供養し、救済する役割は、地蔵が担うものなのである。

第三節　巣鴨のとげぬき地蔵

地蔵の死者供養の役割が、現代まで残っていることを第一・二節で確認した。では明治時代以降、現世利益の役割はどうなったのだろうか？　本章「はじめに」において前述のごとく明治時代の仏教界は、迷信に否定的であった。しかし、だからといって民衆が地蔵の現世利益を全否定するようになったわけではない。このことは、現代の地蔵信仰の代表例である東京都豊島区巣鴨にあるとげぬき地蔵の歴史と現状を分析することで判明する。とげぬき地蔵は通称で、高岩寺という曹洞宗寺院の本尊(7)である延命地蔵尊（秘仏）である（第四章第五節前述）。以下、とげぬき地蔵とは高岩寺の本尊を指す。

とげぬき地蔵を取り上げる理由は、縁日である毎月の四日・一四日・二四日および土曜・日曜には、東京のみならず関東近県からも多くのお年寄り（特に女性）が高岩寺に押し寄せ、その参道である巣鴨地蔵通りは、「おばあちゃんの原宿」と呼ばれているくらい有名だからである。縁日における参詣者は数万人といわれる。とげぬき地蔵の利益は主に病気治し・健康促進である。

とげぬき地蔵の信仰は一八世紀にまで遡ることができる。江戸時代でも現代と同様、「地蔵の御影（おみかげ）」（秘仏である延命地蔵尊の姿を摺（す）り写したもの）を飲み込めば、病気が治るとされていた。とげぬき地蔵は、一八～一九世紀、江戸におけるハヤリ神の一つであった。江戸時代後期において高岩寺は、現・東京都台東区下谷（上野駅付近）にあった。しかし、一八九一年（明治二四）東京府の墓地移転の方針のため、現在地＝現・東京都豊島区巣鴨に移る。中山道沿いではあったが、当時は交通の便は悪く（巣鴨駅すら未開業）、従来の檀家と物理的距離が離れてしまったため寺は経営難に陥る。電柱に「トゲヌキ地蔵」と書かれたチラシを貼り、宣伝に努めたことが功を奏し、参詣者が増えた。明治時代後期であっても、とげぬき地蔵の病気治しの利益は説得力を有したのである。参詣者が増えたため、一九一〇年（明治四三）には、縁日を二四日だけでなく、四の付く日に拡大するようになった[8]。つまり四日・一四日・二四日が縁日となった。一九一三年（大正二）に東京市電が巣鴨二丁目に達したため、交通の便も良くなり、参詣者も増加した。

一九二九年（昭和四）、関東大震災復興計画の一環である中山道の新道（現・白山通り）工事のため、高岩寺の境内が削られた。高岩寺は墓地経営による寺存続を断念し、現世利益を広く伝えて祈願寺の性格を強めていく。高岩寺にとって幸運だったのは、門前を走る旧中山道が直線であったため、高岩寺の参道のようになったことである。そのため旧中山道に露店の出店(しゅってん)を奨励することができたからである。旧中山道のうち、露店が出ている範囲は、一九三七年(昭和一二)以降、巣鴨地蔵通りと呼ばれるようになった。一九三五年(昭和一〇)頃の賑わいは相当なものであったとされる(『豊島区史』通史編二、一九八三年、八〇九～八一〇頁)。

一九四五年(昭和二〇)、東京空襲によって、高岩寺は全焼、周辺も焼け野原となる。旧中山道にはヤミ市が立ち、ここから高岩寺とその周辺の戦後復興が始まる。やがてヤミ市の店は月三回の縁日にのみ出店を許されるようになる。一九五九年(昭和三四)において、巣鴨地蔵通りには四五〇軒の露店が並んでいた。この頃の縁日における巣鴨地蔵通りの隆盛は、松本清張『砂の器』(一九六〇～一九六一年『読売新聞』連載)に描写されている。

「四の日だな。今日は巣鴨のトゲヌキ地蔵の縁日だ。久しぶりに行ってみるか」…都電を巣鴨で降りて、駅前の広い道を渡り、狭い商店街にはいった。四の日がこの地蔵の縁日だった。狭い通りの入り口には、もう夜店の屋台が並んでいる。遅い時刻なので人は帰りかける者が多かったが、それでも混雑していた。金魚すくい、綿菓子、袋物、奇術道具、薬売りなどの店が、裸電球の眩(まぶ)しい光に浮き出されて、人を集めていた。今西夫婦(筆者註　主人公である刑事とその配偶者)は、細長い道を歩いて地蔵堂に詣った。

(新潮文庫版上巻、一五一～一五二頁)

この頃は縁日であれば、夜でも露店が営業し、多くの人が訪れていたことがわかる。一九五八年（昭和三三）に行われたアンケート調査によると、昼間の参詣者の約四割は地元の人もしくは近隣地域の人である（吉田雅男「とげぬき地蔵の信仰調査」『仏教と民俗』第二号、一九五八年）。年齢も三〇代・四〇代の人が多い。すなわち現在のごとく、他地域からの高齢者の割合が圧倒的に多い、というわけではなかった。さらに、このアンケートは昼間の参詣者を対象としている。夜に関しては、地元の参詣者が圧倒的に多かったと想定される。

現在のごとく、各地から「おばあちゃん」が大勢集まるようになったのは、一九七〇年代後半である。「おばあちゃんの原宿」という名称が生じたのは、一九八〇年（昭和五五）頃であり、この名称がマスコミに登場したのは、一九八七年（昭和六二）である。

なぜ、一九七〇年代後半に「おばあちゃん」が大勢集まるようになったのであろうか？　一九六九年（昭和四四）、巣鴨駅前に西友巣鴨店ができ、地元の人は食料品・衣料品を同店で買うようになった。そこで、巣鴨地蔵通りの衣料品店は差別化のため、高齢者向き衣料品を取りそろえるようになった。また、同じく差別化のため巣鴨地蔵通りの食料品店は名物の開発を試みた。一九七〇年代後半、他地域からの人を呼び込むため、巣鴨地蔵通り商店街はテレビやラジオにコマーシャルを打ち、宣伝に努めた。

とげぬき地蔵に「おばあちゃん」が集まるようになったのは上記の事柄だけではなく、交通手段が安価に利用できるようになったことも大きな要因である。高岩寺に至る公共交通機関は、ＪＲ山手線を除けば、都営三田線・都電荒川線・都営バスである。美濃部都政期（一九六七〜一九七九）である一九七三年（昭和四八）以降、都内の七〇歳以上の高齢者は、シルバーパスにより都営交通の運賃がほぼ無料となった。高度経済成長（一九五五〜一九七三）による家事の電化によって、主婦の家事時間は減っていった。かつてのように孫と同居し、世話をする高齢者も減少してきた。余暇を得た「おばあちゃん」がシルバーパスを利用して、高岩寺に赴くようになったのである。例えば池袋駅から高岩寺に赴く場合、普通であればＪＲ山手線を使い、巣鴨駅から歩く。しかし、これだと、電車賃がかかる。池袋駅東口より都営草六三のバスに乗って、とげぬき地蔵前停留所で降りれば、都内の高齢者はシルバーパスのみで行ける。交通手段が安価に利用できるようになったこともあり、一九七〇年代後半以降、これまでより広範囲の地域から、多くの高齢者がやってくるようになったのである。[9]

とげぬき地蔵の利益もさることながら、巣鴨地蔵通りに行けば地元では手に入らない高齢者向け商品や名物が買えるからである。そこで露店や常店は、モンスラ（モンペ型スラックス）、赤パンツ、昭和音楽が入ったカセットテープといった高齢者向けに特化した商品を売り出すようになった。結果、東京都のみならず、近県からも「おばあちゃん」がやってくるようになったのである。[10]

確認すべき点がある。現在、「地蔵の御影」に対する信仰が薄れてきている点である。もともと、とげぬき地蔵の利益を受けるためには、「地蔵の御影」を得ることが必要であった。ところが、今日、参詣者の行動は、「地蔵の御影」を得ることよりも、境内の「洗い観音」を洗うことにシフトしてきている。洗い観音とは、自分の体の悪い箇所に相当する箇所を洗えば良くなると信じられている観音像のことである。現在、御影売り場に一顧だにせず、洗い観音を洗って、境内を去る参詣者が数多くいるのである。

なぜ、「地蔵の御影を飲む」から「洗い観音を洗う」に信仰がシフトしていったのだろうか？　一ついえるのは、御影を飲みくだす行為は、本人が高岩寺に行かなくとも良い。すなわち、病人の代わりに誰かが行けば良いのである。健康保険が普及していない時期において、「地蔵の御影」は薬の代わりであった。国民皆保険は一九五六年（昭和三一）より目標とされ、一九六一年（昭和三六）に達成されている。したがって、これ以降は健康保険に入ってさえいれば費用の負担が軽くなり、病院の治療や薬の処方を受けやすくなった。そうなると、「地蔵の御影」の薬としての役割も減少してくる。これらの背景もあって、病人の代参ではなく、自身の健康祈願と買い物を兼ねて高岩寺に参詣する人が増えていったのである。そのなかで、仏像（観音像）を直接洗うという他所では行えない行為が人気となっていったと考えられる。なお、余談ではあるが初代の洗い観音は、長年タワシで洗われた結果、顔に凹凸が無くなり[11]、一九九二年（平成四）に二代目に変わっている。二代目はタオルで洗うことに変更された。

洗い観音を洗うことを主目的とする参詣者でも、その意識は「とげぬき地蔵に参詣した」と解釈される。例えば、支倉清・伊藤時彦『お稲荷様って、神様？仏様？——稲荷・地蔵・観音・不動　江戸東京の信心と神仏』（二〇一〇年、築地書館）には以下のようにある。

現在、とげぬき地蔵で有名な高岩寺で一番人気は「洗い観音」である。…寺では「洗い観音」の表示を出していない[12]。そのせいもあってか、あまりにもとげぬき地蔵が有名なので、多くの参詣人がこの観音を地蔵と勘違いしている。それは並んで順番を待つ人びとの会話からはっきりとわかる。「お地蔵さんを洗ってから本堂にお参りしましょう」悪いところが治りさえすれば、地蔵でも観音でも構わないのだ。

（七五〜七六頁）

以上のような会話は、筆者が二〇一四年（平成二六）九月二四日・二六日に行った現地調査でも聞かれた。やはり、現世利益の信仰で有名なとげぬき地蔵を本尊とする高岩寺の境内にあるからこそ、「洗い観音を洗う」行為に説得力があるのである。参詣者の何割かは洗い観音を「地蔵」と認識している。

とげぬき地蔵の信仰形態は、主に「地蔵の御影を飲む」から「観音像を洗う」に変化していったが、地蔵に現世利益を願うという点は今も昔も変わらないのである。

第四節　京都の地蔵盆

本節のタイトルに「京都」を付しているのは、地蔵盆は京都に限らないからである。ただし、本節内で地蔵盆といった場合、注記のない限り、京都（主に旧平安京域とその周辺）の地蔵盆を指す。

江戸時代に盛んに行われていた地蔵祭は、明治時代になると、京都府の開化政策によって一旦廃絶される。また、路傍の地蔵像も撤去される（本章「はじめに」前述）。一八八一年（明治一四）、京都の近代化を推進した槇村正直（元・長州藩藩士、一八三四〜一八九六）が東京に転出すると、この政策は見直されるようになる。一八八三年（明治一六）以降、路傍に地蔵像が復活し始め、また同時期、地蔵祭は地蔵盆と名称を変更して復活する。

復活といっても江戸時代のままではない。江戸時代において、路傍の地蔵像は概して町の木戸＝町の境界に祀られていた（第四章第二節（二）前述）。地蔵像が祀られる場所は、明治時代以降、必ずしも町の境界とは限らなくなった。また、路傍といっても町の有力者が所有する土地の一画等私有地であることが多い。開化政策によって木戸が消滅するなど、町自体が変化したこともこの変化の要因だろうが、やはり地租改正によって誰のものでもない土地が消滅したことが変化の大きな要因と想定される。地蔵盆の実施日も旧暦七月二三日前後から新暦八月二三日前後に移った。日程の移動は、京都において、お盆等の年中行事が新暦一ヵ月遅れとなったことに合わせてのことであろう。

また、時代背景によって変化を余儀なくされた面もある。それは地蔵盆の終わりに人々に与えられる「お下がり」である。もともとは地蔵に捧げられた供物（主に食べ物）が「お下がり」として参加者に与えられたのだが、一九〇二年（明治三五）、コレラ予防の趣旨により、子どもにはおもちゃが与えられるようになった（村上紀夫『京都地蔵盆の歴史』二〇一七年、法藏館、一六五〜一六七頁）。このことが現在にまで続いている。ただし、現在では袋物のお菓子が参加した子どもに与えられることも多い。

地蔵盆は第二次世界大戦中である一九四四年（昭和一九）にも行われていたことが確認される（村上紀夫『京都地蔵盆の歴史』前掲、一七三頁）。戦後も引き続き行われてきた。

地蔵盆に大きな変化が見られるのは、一九九〇年代である。先に述べたとおり、明治の復活以降、地蔵盆は新暦八月二三日前後に行われていたのだが、一九九〇年代になると、自営業者が減り、準備の都合により八月二三日以前の土曜日・日曜日に行われるようになっていった。筆者が二〇一〇年（平成二二）に調査に赴いた時には、すでにほとんどの町が八月二三日以前の土曜日・日曜日に行うようになっていた。

しかしながら地蔵盆の際、数珠繰り等仏事を行うことが必須であることは今も変わっていない。仏事は死者供養を目的としている。死者を供養し、救済することで現世利益を得るという点で、地蔵盆（旧・地蔵祭）の本来の目的は変わっていないのである。

第五節　生きている人間の姿で現れる

これまで述べてきたように、地蔵の特徴の一つに、生きている人間の姿で現世に現れるという観念があった。明治時代以降、自然科学が発達し、現代では多くの人が自然科学の知識を有する。こうした状況のなか、「生きている人間の姿で現れる地蔵」という観念は継承されたのだろうか？

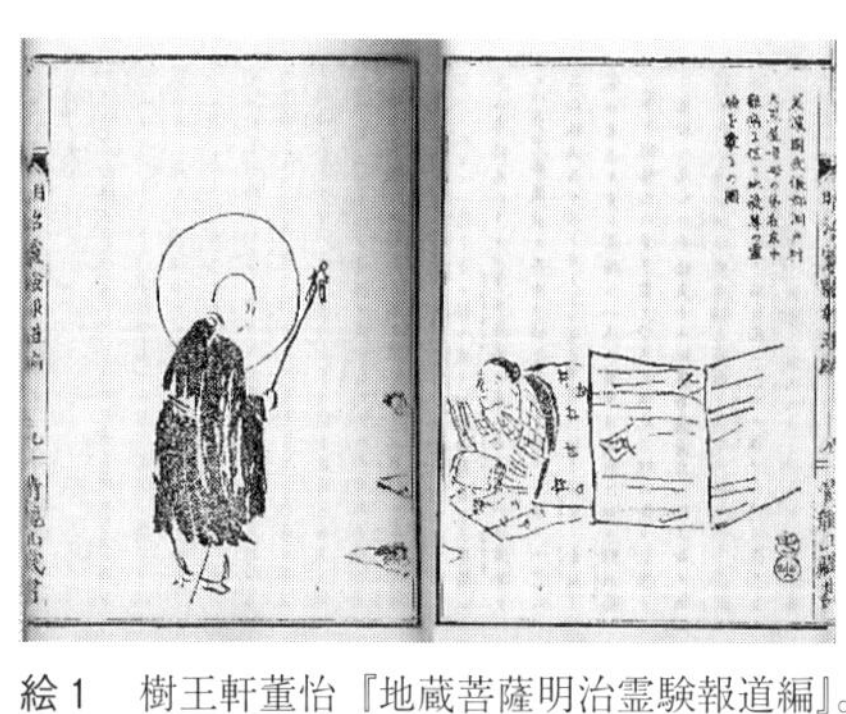

絵1　樹王軒董怡『地蔵菩薩明治霊験報道編』。私架蔵本8丁裏～9丁表

絵2　絵1と同じ。私架蔵本19丁裏

明治時代、地蔵説話集は一冊だけ新たに編纂され、出版されている。それは、樹王軒董怡[13]『地蔵菩薩明治霊験報道編』（一八八七年〈明治二〇〉刊）である。言わば最後の地蔵説話集である（これ以降は、江戸時代のものの再版、もしくは昔話の活字化）。全五五話からなる。多くの話において地蔵の宝符（おふだ）による霊験が示される。地蔵（と思われる僧）が現世に現れるのは、第一五話のみである［絵1］。

ある日、僧が来た。…妻子は驚き、その僧に対し姓名住所を聞いたが、その僧は何事もいわずに去った。一同は奇異に思った。（私架蔵本、八丁表～九丁裏）

第三五話の挿絵では、夢中に地蔵が現れたようにも見えるが［絵2］、本文では、「地蔵の宝符」となっている。

父、武左衛門の夢のなかに、地蔵尊の宝符が現れた。夢から覚めた。驚いて急いで移動し、浄水に宝符を浮かべ、苦しんでいる妻に飲ませた。

（前同、一九丁表）

『地蔵菩薩明治霊験報道編』において、生きている人間の姿で地蔵が現れることが稀であるということは、地蔵が直接救済しないということを意味する。同書において、人々は宝符を得れば、利益を得られると説かれている。明治という文明開化の時代において、「地蔵が生きている人間の姿を取って直接救済する」形から、「薬のようなものを地蔵からもらう」形にシフトしていったのである。

ただし、昔話においては、依然、地蔵が生きている人間のごとくに登場する。例えば、「笠地蔵」に分類される昔話では、地蔵は掛け声を挙げて、米等を届けに来る。以下、稲田浩二・小澤俊夫編『日本昔話通観』（一九七七～一九九八年、同朋舎）より引用する。

「ヨッショオ、ヨッショオ、おずんつァんおばんつァん、戸あげろ」て、いわれたど。…戸をあげでみだれば、ねェ、お地蔵様だずねェ。

（採録地　宮城県栗原郡高清水町小山田、[14]『日本昔話通観』第四巻、五八頁下段）

「ヨイショヨヲ、ドッコイ、おじじ起きて下され、金もってきたぞ…」婆ァばが戸をあけてみたら、ほうたんかぶりした地蔵様が行かれる姿みえたとお。

（採録地　富山県氷見市、前同、第一一巻、一六四頁下段）

この昔話の採録年代は一九七〇年代である。話者の祖父・祖母が語ったものとすれば、明治時代から語り継がれたものと解釈できる。

一九七〇年（昭和四五）以降のテレビ化・絵本化された昔話でも地蔵が生きている人間のごとくに現れることがある。一九七五年（昭和五〇）、テレビ「まんが日本昔ばなし」第一回において「笠地蔵」が放映されている。残念ながら、現在発売されているDVDボックスに「笠地蔵」は収録されていないので、絵本版を見ると、笠を被せてもらった六地蔵が生きている人間のごとくに活動している。

「えっさ、ほいさ。えっさ、ほいさ。」しんと静まりかえった山道を、荷物を担いで歩く人影がありました。なんと！ それは笠を被ったあのお地蔵さまたちです。お地蔵さまは、男の家の前まで来ると袋から食べ物や着物を取り出しました。…どうやら一人だけ、逃げ遅れたようです。ちっこいお地蔵さまは、二人にぺこりと頭を下げると、忘れ物の笠を拾いあげ、ひょこひょこ帰っていきました。

（川内彩友美編『かさじぞう まんが日本昔ばなし』一九九九年、講談社、一六～二四頁）

同様のことは、各種の絵本でもいえる。例えば、一時期、小学校国語科教科書に採録されていた、岩崎京子「かさこじぞう」には以下のようにある。

だれやらこえをあわせて、
六にんの　じぞうさ
かさこ　とって　かぶせた
じさまの　うちは　どこだ
ばさまの　うちは　どこだ
と、うたって　きます。

（一九六七年、ポプラ社、二八頁）

しかしながら、現代において地蔵が生きている人間のごとくに現れる範囲は、昔話に限られる。現実世界において、地蔵は路傍にたたずみ、動かない存在として認識されている。例えば令和の現在、アイドルのライブにおいて、拍手もせず一切動かず歌を聞いている人を「ジゾウ」と呼んでいるのは、地蔵が動かない存在の代表格ゆえの表現であろう。

まとめと補足

明治時代以降の文明開化の時代にあっても地蔵信仰は消滅せず、人々の間に伝わってきた。このことは戦後の高度経済成長期（一九五五～一九七三）以降も同様である。しかし、地蔵が生きている人間の姿を取って現世に現れ、直接救済してくれるという観念が薄れた等、時代に応じて変化した面もある。

さらにいえば、時代の変化によって、路傍の地蔵像が撤去され、寺に奉納されることも生じている。京都市中京区にある壬生寺（律宗）には地蔵像が多数祀られている（第四章［写真3］）が、その一部は町が場所の関係等で持ちきれなくなって奉納したものである。[15] 東京都練馬区氷川台四丁目（氷川台保育園向かい）個人宅の一画には、一九九一年（平成三）段階において、江戸時代造立の「川流し地蔵」等の石仏が祀られていた。一九九三年（平成五）、石仏は、近くの光伝寺（真言宗、東京都練馬区氷川台）に移

写真3　2010年9月撮影。現在、後ろの駐車場ごとマンションになっている。

されてしまった。

また、私有地の地蔵像が撤去され、行方不明になるケースも増えている。二〇一〇年（平成二二）において、東京都練馬区桜台六丁目に、地蔵が二基祀られていた［写真3］が、二〇一三年（平成二五）には撤去され、基盤が駐車場の一部と化していた。石川県金沢市弥生一丁目（旧鶴来街道沿い）の個人宅の一画には、少なくとも二〇〇〇年（平成一二）頃まで地蔵が祀られていた（筆者による観察）。しかし、二〇一〇年（平成二二）に筆者が再訪した際には見あたらなかった。これらは私有地に祀られる地蔵像であったため、時代の移り変わりによって撤去された例である。

現在、茨城県つくば市小田にある湯地蔵（第三章第三節（一）前述）は、長年乳の出を良くする利益

があるとされてきた。この利益を一因に、極楽寺（西大寺流真言律宗）廃寺後も地元の人々によって維持され、一九九〇年代までは、近隣地域からも参詣者があった（堤禎子「中世、地蔵信仰のトポス（上・下）」（『月刊百科』第三五五・三五六号、一九九二年）。粉ミルクの普及した現代において、乳の出を良くする利益は忘れ去られ、地元の人が花を手向けるのみである。

本章第三節で論じた巣鴨のとげぬき地蔵にしても、現在は隆盛であるが、「地蔵の御影（おみかげ）」の意義が多くの人々に伝承されているといえない現況、未来の老人がとげぬき地蔵に参詣するかどうか疑問である。京都の地蔵盆も現在は一見盛況だが、少子化によって形だけ行っている町も増えている。地蔵信仰が今後どう変化してゆくのか、注視していきたい。

註

（1）壬生寺に関しては第四章註（20）参照。

（2）日川地蔵は、現在、東京都練馬区中村にある南蔵院（真言宗）にて祀られている。南蔵院には現在、首つぎ地蔵も祀られている。首つぎ地蔵は、かつては南蔵院近くの地蔵堂に祀られていた。首つぎ地蔵は、その名前から会社から解雇されないという利益があるとされ、昭和の一時期、サラリーマンの信仰を集めた。

（3）千川地蔵は、現在、東京都練馬区旭丘にある能満寺（真言宗）にて祀られている。

（4）回向院（浄土宗、東京都荒川区南千住）には、刑死者を供養する役割があり、杉田玄白（一七三三～一八一七）・前野良沢（一七二三～一八〇三）等が腑分け（人体解剖）に立ち会ったことでも有名である。もともと第四章第二節（二）および本章第二節で言及した回向院（浄土宗、東京都墨田区両国）の別院であったが、後に独立した。

（5）「水子」をどう読むか、という問題は水子という言葉の起源を考察するに重要な問題である。「みずこ」であれば、「みずみずしい子」が起源となるが、「すいし」であれば曹洞宗の戒名が起源となる。現在、回向院（浄土宗、東京都墨田区両国）にあるのは「水子塚（みずこ）」だが、同寺で毎月行われる水子供養では「水子たち（すいし）」と唱えられるという（鈴木由利子「水子供養にみる胎児観の変遷」『選択される命―子どもの誕生をめぐる民俗』前掲）。

（6）橋本徹馬（一八九〇〜一九九〇）は政治家であり、宗教家である。一九四〇年（昭和一五）、当時首相であった近衛文麿（一八九一〜一九四五）の密命を受け、渡米し、日米和平交渉を行ったとされる（須藤眞志「日米交渉にみる民間人外交の限界―橋本徹馬と井川忠雄」（『日米開戦外交の研究―日米交渉の発端からハル・ノートまで』一九八六年、慶應通信）。紫雲山地蔵寺落慶式（一九七一年〈昭和四六〉九月）に当時首相であった佐藤栄作（一九〇一〜一九七五）が列席しているので、戦後においても政治家との関わりはあったようである。

（7）江戸時代において高岩寺の本尊は釈迦だったが、明治時代になると本尊は地蔵に変わっている（川添登「巣鴨とげぬき地蔵（万頂山高岩寺）の変容と発展―「おばあちゃんの原宿」は、どのようにしてつくられたか」『国立歴史民俗博物館研究報告』第三三号、一九九一年）。本尊の変更は廃仏毀釈・寺請制廃止のなか、とげぬき地蔵を前面に出すことで、参詣客の増加を目的としたものとされる。

（8）こうした縁日の拡大は、明治時代以降、各地の寺で行われた。例えば、現・東京都武蔵野市吉祥寺にある月窓寺は、観音の縁日をもともとの一八日から八日・一八日・二八日に拡大し、これに合わせて吉祥寺駅前通り商店街は特売を行った。

（9）美濃部亮吉（一九〇四〜一九八四）を指す。

（10）露店が高齢者向け商品を取り扱うようになった要因をもう一つあげる。第二次世界大戦まで、露店の主要商品の一つは子ども向け玩具であった。戦後復興・高度経済成長を経て、露店では子ども向け玩具が以前ほど売れなくなった（川添「巣鴨とげぬき地蔵（万頂山高岩寺）の変容と発展―「おばあちゃんの原宿」は、どのようにしてつくられたか」前掲）。常設のおもちゃ屋・駄菓子屋の出現によって、子どもの欲しいものは露店以外でも手に入るようになったからである。このこともあって、露店は高齢者向け商品にシフトしたのである。

（11）この頃の初代洗い観音を写した貴重な写真が渡浩一「とげぬき地蔵の信仰と習俗」（瀬戸内寂聴・他監修『仏教行事歳時記　放生―9月』一九八九年、第一法規出版）に掲載されている。なお、初代洗い観音は勇退後、二代目洗い観音の後ろにあるお堂に収められ、一旦秘仏と化したが、現在は観音の縁日である一八日に開帳され、姿を見ることができる。

（12）現在では、「洗い観音　二列に並び両側から洗ってください」という案内板がある（二〇二〇年九月一八日調査）。

（13）樹王軒董怡（生没年不詳）に関しては現・愛知県犬山市にある瑞泉寺（臨済宗）の僧であったことのみ判明している（牧野和夫・杉山友美「《翻刻》地蔵尊像流水供養説話資料三種―駒沢大学図書館永久文庫蔵『地蔵尊縁起』、牧野和夫蔵『地蔵尊影流水縁起』、杉山友美蔵『地蔵菩薩明治霊験報道編』」『実践女子大学文学部紀要』第四一号、一九九九年）。

（14）「小山田」は採録時の地名である。合併により地名が変更されており、厳密に新地名のどこに当たるかは不明。

（15）例えば、町の有力者の私有地に祀られていた像が、所有者の交代によりその場所で祀ることが困難になった場合などである。よくしたもので、壬生寺に集積された地蔵像が、地蔵盆において地蔵像のない町にレンタルされるのである。第四章註（11）参照。

参考文献

＊本文で言及していないものを含む。五十音順。

浅沼悦太郎『三宅島歴史年表』（一九六三年、六人社）
東 隆眞「「三代相論」考（一）〜（四）」（『宗学研究』第一一〜一五号 一九六九〜一九七三年）
東 隆眞「諸嶽山総持寺の開創」（『太祖瑩山禅師』一九九六年、国書刊行会）
安達俊英「地蔵盆」（中村元編『仏教行事散策』一九八九年、東京書籍）
阿部恵久子「地蔵と子安神信仰」（『日本民俗学会報』第一六号、一九六一年）
網野善彦『無縁・公界・楽―日本中世の自由と平和 増補』（一九八七年、平凡社）
飯田道夫『サルタヒコ考―猿田彦信仰の展開』（一九九八年、人文書院）
飯田道夫『相撲節会―大相撲の源流』（二〇〇四年、人文書院）
池見澄隆『中世の精神世界 死と救済 増補改訂版』（一九九七年、人文書院 ＊初版一九八五年）
石川純一郎『地蔵の世界』（一九九五年、時事通信社）
石田哲弥・椎橋幸夫『道祖神信仰史の研究』（二〇〇一年、名著出版）
磯村有紀子「中世の京都と六地蔵」（『滋賀史学会誌』第八号、一九九四年）
板倉義之「〈霊〉は清かに見えねども―中岡俊哉の心霊写真という〈常識〉」（一柳広孝編『オカルトの帝国』二〇〇六年、青弓社）
伊藤榮洪『ぶらり長崎―歴史・文学散歩』（二〇一八年、豊島区）
井上光貞『日本浄土教成立史の研究 新訂版』（一九七五年、山川出版社）

今井昭彦『近代日本と戦死者祭祀』（二〇〇五年、東洋書林）
今井雅晴「時宗と地蔵信仰」（和歌森太郎編『日本文化史学への提言』一九七五年、弘文堂）
今村充夫「地蔵信仰の一側面―地蔵と観音の混交する実態について」（『加能民俗研究』第二六号、一九九五年）
植木行宣『風流踊とその展開』（二〇一〇年、岩田書院）
梅津次郎「常謹撰「地蔵菩薩応験記」」（『絵巻物叢考』一九六八年、中央公論美術出版）
大野裕之『京都のおねだん』（二〇一七年、講談社）
大森惠子『踊り念仏の風流化と勧進聖』（二〇一一年、岩田書院）
奥野義雄「地蔵盆と念仏講―地蔵盆にみる念仏講の諸相と地蔵盆の原初的形態を中心に」（『仏教民俗学大系』第六巻、
　一九八六年、名著出版）
小倉　泰「地獄と地蔵菩薩」（『ユーラシア』第二号、一九八五年）
小倉　泰「お地蔵さんと子ども」（『比較文学研究』第四八号、一九八五年）
小栗栖健治『熊野観心十界曼荼羅』（二〇一一年、岩田書院）
梶谷亮治「日本における十王図の成立と展開」（『仏教芸術』第九七号、一九七四年）
加須屋誠『地獄めぐり』（二〇一九年、講談社）
片山一道『骨が語る日本人の歴史』（二〇一五年、筑摩書房）
片寄正義『今昔物語集の研究』上・下巻（一九七四年、藝林舎）
片寄正義『今昔物語集論』（一九七四年、藝林舎）
角川源義「妙本寺本曾我物語攷」（『角川源義全集　第二巻』一九八七年、角川書店）
金井清光『時衆教団の地方展開』（一九八三年、東京美術）
金沢市教育委員会『金沢市の地蔵尊―金沢市地蔵尊民俗調査報告書』（一九九七年、金沢市教育委員会）

カラム・ハリール『日本中世における夢概念の系譜と継承』（一九九〇年、雄山閣出版）
川崎ミチコ「敦煌本『仏説地蔵菩薩経』管見」（『東洋学研究』第四〇号、二〇〇三年）
川添　登「巣鴨とげぬき地蔵（万頂山高岩寺）の変容と発展―「おばあちゃんの原宿」は、どのようにしてつくられたか」（『国立歴史民俗博物館研究報告』第三三号、一九九一年）
川添登編『おばあちゃんの原宿』（一九八九年、平凡社）
河村能成「柳田國男の「道祖神」観―道祖神研究史の概観」（『文化』第六二巻第三・四号、一九九九年）
菊地章太『弥勒信仰のアジア』（二〇〇三年、大修館書店）
北区史編纂調査委員会『北区史』民俗編三（一九九六年、東京都北区）
北城伸子「「数珠繰り」の習俗と江戸戯作―京伝・南北の趣向をめぐって」（『説話・伝承学』第八号、二〇〇〇年）
黒田　智「勝軍地蔵と「日輪御影」」・「勝軍地蔵信仰と足利氏」（『中世肖像の文化史』二〇〇七年、ぺりかん社）
黒田　智「勝軍地蔵の誕生」（加須屋誠編『図像解釈学―権力と他者』二〇一三年、竹林舎）
黒田　智「加越能の勝軍地蔵」（『日本仏教綜合研究』第一一号、二〇一三年）
黒田日出男「「童」と「翁」」（『境界の中世　象徴の中世―日本中世の老人と子どもをめぐって』一九八六年、東京大学出版会）
黒田日出男『［絵巻］子どもの登場』（一九八九年、河出書房新社）
高達奈緒実「一四巻本『地蔵菩薩霊験記』解説」（榎本千賀・他編『一四巻本地蔵菩薩霊験記』下巻、二〇〇三年、三弥井書店）
高野山霊宝館編『高野山の菩薩像』（一九九五年、高野山霊宝館）
小西瑛子「地蔵菩薩霊験記について」（『元興寺仏教民俗資料研究所年報』第五号、一九七二年）
小林太市郎「唐代の救苦観音―放光菩薩の起源について」（『研究』第六号、一九五五年）

五来　重「融通念仏・大念仏および六斎念仏」（『大谷大学研究年報』第一〇号、一九五七年）
五来　重『踊り念仏』（一九八八年、平凡社）
近藤啓吾「山崎闇斎と庚申」（『神道宗教』第一五〇号、一九九三年）
斉藤隆信・西本照真「民衆仏教としての浄土教の展開」（沖本克己編『興隆・発展する仏教』二〇一〇年、佼成出版社）
坂井衡平『増訂　今昔物語集の新研究』（一九六五年、名著刊行会）
坂本　要「地獄の系譜」（桜井徳太郎編『聖地と他界観』一九八七年、名著出版）
佐々木潤之助「寛永飢饉について」（『民衆史を学ぶということ』二〇〇六年、吉川弘文館　＊初出二〇〇〇年）
佐藤俊晃「石動山信仰と能登瑩山教団」（『宗教学論集』第一二号、一九八五年）
佐藤弘夫『アマテラスの変貌』（二〇〇〇年、法藏館　→二〇二〇年、法藏館文庫）
佐野精一『京の石仏』（一九七八年、サンブライト出版）
清水邦彦「法然浄土教における地蔵誹謗」（『日本思想史学』第二五号、一九九三年）
清水邦彦「親鸞の余仏菩薩観」（『哲学・思想論叢』第一二号、一九九四年）
清水邦彦「水子供養」（『日本の仏教』第六号、一九九六年、法藏館）
清水邦彦「中世地蔵信仰史・考」（今井雅晴編『中世仏教の展開とその基盤』二〇〇二年、大蔵出版）
清水邦彦「実睿編『地蔵菩薩霊験記』再考―高達説をどう止揚するか」（『日本仏教綜合研究』第二号、二〇〇四年）
清水邦彦「義介は永平寺に「密教的」要素を導入したのか？」（東隆眞編『徹通義介禅師研究』二〇〇六年、大法輪閣）
清水邦彦『中世曹洞宗における地蔵信仰の受容』（二〇一六年、岩田書院）
清水邦彦「地蔵像撤去・破壊から見た廃仏毀釈」（『宗教研究』第三九二号、二〇一八年）
杉山友美「『延命地蔵経聞書』をめぐって」（『仏教文学』第二〇号、一九九六年）
鈴木由利子「水子供養にみる胎児観の変遷」「水子供養流行と社会」（『選択される命―子どもの誕生をめぐる民俗』二

○二一年、臨川書店）
須藤眞志「日米交渉にみる民間人外交の限界―橋本徹馬と井川忠雄」（『日米開戦外交の研究―日米交渉の発端からハル・ノートまで』一九八六年、慶應通信）
瀬谷貴之「建長寺創建本尊と北条時頼の信仰」（村井章介編『東アジアのなかの建長寺』二〇一四年、勉誠出版）
大東俊一「京都の「六地蔵めぐり」」（『日本人の聖地のかたち―熊野・京都・東北』二〇一四年、彩流社）
高橋　敏「近世の民衆の旅と行旅病死」（『家族と子供の江戸時代　躾と消費からみる』一九九七年、朝日新聞社）
高橋　貢「地蔵菩薩霊験記（今昔物語巻十七を含む）成立の一背景」（『中古説話文学研究序説』一九七四年、桜楓社）
→桜井徳太郎編『地蔵信仰』（一九八三年、雄山閣）に再録
滝本靖士「富山県・石川県の道祖神」（『北陸石仏の会研究紀要』第一号、一九九六年）
竹内　宏『とげぬき地蔵商店街の経済学―「シニア攻略」12の法則』（二〇〇五年、日本経済新聞社）
竹内道雄『日本の禅』（一九七六年、春秋社）
竹村俊則『京のお地蔵さん』（一九九四年、京都新聞社　＊二〇〇五年版は竹村没後に出版社が若干増補・改編したもの）
玉山成元『中世浄土宗教団史の研究』（一九八〇年、山喜房佛書林）
近石　哲『地域社会における民俗信仰：祭祀諸相にみる地域別受容と展開の様式（地蔵祭祀を中心に）』（二〇一九年、日比谷出版社）
辻善之助「足利尊氏の信仰」（『日本仏教史研究』第二巻、一九八三年、岩波書店）
堤　禎子「中世、地蔵信仰のトポス（上・下）」（『月刊百科』第三五五・三五六号、一九九二年）
豊島区史編纂委員会編『豊島区史』通史編二（一九八三年、東京都豊島区）
中岡俊哉『水子霊の秘密』（一九八〇年、二見書房）
中野　猛「今昔物語の唱導性について」（『平安文学研究』第二六号、一九六一年）

中村武生「埋納された石仏」（『御土居堀ものがたり』二〇〇五年、京都新聞出版センター）
名畑　崇「天台宗と浄土教」（藤島達朗・宮崎円遵編『日本浄土教史の研究』一九六九年、平楽寺書店）
南条文雄『大明三蔵聖教目録』（一九二九年、南条博士記念刊行会編）
西海賢二『江戸の女人講と福祉活動』（二〇一二年、臨川書店）
西田耕三『近世の僧と文学―妙は唯その人に存す』（二〇一〇年、ぺりかん社）
西田長男・三橋健『神々の原影』（一九八三年、平河出版社）
練馬区教育委員会『練馬の石造物』路傍編　その一（一九九一年、練馬区教育委員会）
野々市町史編纂専門委員会『野々市町史』通史編（二〇〇六年、石川県野々市町）
箱根町立郷土資料館編『箱根彩景―古写真に見る近代箱根のあけぼの』（二〇〇〇年、箱根町立郷土資料館）
速水　侑『地蔵信仰』（一九七五年、塙書房）
速水　侑『観音・地蔵・不動』（一九九六年、講談社　→二〇一八年、吉川弘文館）
久野俊彦「選者必夢の事蹟」（渡浩一編『延命地蔵菩薩直談鈔』一九八五年、勉誠社）
平岡　聡『法然と大乗仏教』（二〇一九年、法藏館）
平川　彰「浄土思想の成立」（平川彰・他編『講座大乗仏教　浄土思想』一九八五年、春秋社）
広神　清「一遍の宗教の歴史的性格（一）神道及び禅宗との関連」（『筑波大学哲学・思想系論集』第二号、一九七六年）
深田伊佐夫「千川上水における流域環境の変化と宗教的構築物について」（『中央学術研究所紀要』第四二号、二〇一三年）
藤井正雄『戒名のはなし』（二〇〇六年、吉川弘文館）
ヘレン・ハーデカ『水子供養　商品としての儀式』（塚原久美・他訳、二〇一七年、明石書店　＊原著一九九七年）

牧野和夫・杉山友美「《翻刻》地蔵尊像流水供養説話資料三種—駒沢大学図書館永久文庫蔵『地蔵尊縁起』、牧野和夫蔵『地蔵尊影流水縁起』、杉山友美蔵『地蔵菩薩明治霊験報道編』」(『実践女子大学文学部紀要』第四一号、一九九九年)
松岡心平「演劇としての宗教—時宗〈四条道場論〉」(『宴の身体—バサラから世阿弥へ』二〇〇四年、岩波書店　＊初出一九八一年)
松村雄介「造塔を伴う道祖神信仰—その発生と展開」(『日本の石仏』第二六号、一九八三年)
眞鍋廣濟『地蔵菩薩の研究』(一九六〇年、三密堂書店)
丸本由美子『加賀藩救恤考—非人小屋の成立と限界』(二〇一六年、桂書房)
三浦道明『愛—もし生れていたら—幸せをつかむ水子供養の実証』(一九八一年、文化創作出版)
宮田　登「「水子霊」の復活」(『「心なおし」はなぜ流行る—不安と幻想の民俗誌』一九九三年、小学館　→一九九七年、小学館ライブラリー)
三吉朋十『武蔵野の地蔵尊』都内編(一九七二年、有峰書店)
村上重良『国家神道』(一九七〇年、岩波書店)
村上紀夫『京都地蔵盆の歴史』(二〇一七年、法藏館)
桃崎祐輔「律宗系文物からみた東国の律宗弘布の痕跡」(『戒律文化』第二号、二〇〇三年)
森　成元「近世の地蔵信仰」(真野俊和編『講座日本の巡礼　第一巻　本尊巡礼』一九九六年、雄山閣出版　＊初出一九八三年)
森新之介「興福寺の訴訟と専修念仏者への朝譴」(『摂関院政期思想史研究』二〇一三年、思文閣出版)
森栗茂一「水子供養の発生と現状」(『国立歴史民俗博物館研究報告』第五七集、一九九四年)
森栗茂一『不思議谷の子供たち』(一九九五年、新人物往来社)

八木聖哉「足利尊氏と地蔵信仰」（『博物館学年報』第二八号、一九九六年）
矢島　新「沼田市正覚寺蔵十王図と十三仏成立の問題」（『群馬県立女子大学紀要』第一〇号、一九九〇年）
矢吹慶輝『三階教之研究』（一九二七年、岩波書店）
山路興造「京都府の盆行事」文化庁文化財保護部『盆行事』Ⅲ、一九九八年　→同『京都　芸能と民俗の文化史』二〇〇〇年、思文閣出版に所収）
山田知子『相撲の民俗史』（一九九六年、東京書籍）
湯浅泰雄「日本人の宗教意識」（『湯浅泰雄全集　第一〇巻』一九九九年、白亜書房）
吉田雅男「とげぬき地蔵の信仰調査」（『仏教と民俗』第二号、一九五八年）
吉本健吾「石仏群」（京都市埋蔵文化財研究所編『京を発掘！　出土品から見た歴史』二〇一五年、京都新聞出版センター）
和歌森太郎「地蔵信仰について」（桜井徳太郎編『地蔵信仰』一九八三年、雄山閣出版　＊初出一九五一年）
渡　浩一「華厳経破地獄偈をめぐって」（説話・伝承学会編『説話―救いとしての死』一九九四年、翰林書房）
渡　浩一「とげぬき地蔵の信仰と習俗」（瀬戸内寂聴・他監修『仏教行事歳時記　放生―9月』一九八九年、第一法規出版）
渡　浩一『お地蔵さんの世界』（二〇一一年、慶友社）
「重要文化財指定地蔵目録」（『仏教芸術』第九七号、一九七四年）

主な参考ホームページ

明治大学商学部若林ゼミ第一八期生「巣鴨地蔵通り商店街について」
http://www.isc.meiji.ac.jp/~w_zemi/sugamo.pdf

鈴木勝司・武蔵学園記念室「千川上水」
http://www3.ucom.ne.jp/sirakigi/senkawa41.html

引用・言及した文献史料・絵画史料の書誌情報

＊参考文献で挙げたものは除いた。
＊引用文献名（著者が判明している場合、著者名）…編者名、書名（引用文献名と同一である場合は省略）、発行年代、出版社名の順とした。
＊日本古典文学大系等シリーズものに関しては編者名を省略した。

『吾妻鏡』…国史大系版第四巻、吉川弘文館、一九六八年
「阿弥陀来迎図」a（西来寺本）…濵田隆『来迎図』一九八九年、至文堂
「阿弥陀来迎図」b（浄蓮寺本）…ホームページ「文化財ナビ愛知」
https://www.pref.aichi.jp/kyoiku/bunka/bunkazainavi/yukei/kaiga/kensitei/0238.html
『案内者』（中川喜雲）…『近世文学資料類従』仮名草子編九、一九七三年、勉誠社
『和泉名所図会』（秋里籬島）…一九七六年、柳原書店
『一念多念文意』（親鸞）…『定本親鸞聖人全集』第三巻、一九七九年、法藏館
『一遍上人語録』（一遍）…『一遍上人全集』一九八九年、春秋社
『宇治拾遺物語』…新日本古典文学大系『宇治拾遺物語　古本説話集』一九九〇年、岩波書店
『雲錦随筆』（暁晴翁）…『日本随筆大成』第一期第三巻、一九九三年、吉川弘文館
『延命地蔵経聞書』（舜海）…牧野和夫「翻印『延命地蔵経聞書』」『文藝論叢』第四四号、一九九五年
『延命地蔵経和訓図会』（蓬室有常）…金沢大学暁烏文庫所蔵本　↓清水邦彦による翻刻がある。「『延命地蔵経和訓図

会』解題・翻刻」(『金沢大学歴史言語文化学系紀要』言語・文学篇、第一〇号、二〇一八年)
『延命地蔵菩薩経直談鈔』(必夢)…渡浩一編、一九八五年、勉誠社
『往生要集義記』(良忠)…『浄土宗全書』第一五巻、一九七一年、山喜房佛書林
『お稲荷様って、神様?仏様?—稲荷・地蔵・観音・不動 江戸東京の信心と神仏』(文倉清・伊藤時彦)…二〇一〇年、築地書館
『伽婢子』(浅井了意)…新日本古典文学大系、二〇〇一年、岩波書店
「御文」(蓮如)…『真宗史料集成』第二巻、一九七七年、同朋舎
「かさこじぞう」(岩崎京子)…一九六七年、ポプラ社
「笠地蔵」a…稲田浩二・小澤俊夫編『日本昔話通観』第四巻、一九八二年、同朋舎
「笠地蔵」b…稲田浩二・小澤俊夫編『日本昔話通観』第一一巻、一九八一年、同朋舎
「笠地蔵」c…川内彩友美編『かさじぞう まんが日本昔ばなし』一九九九年、講談社
「春日地蔵曼荼羅」(奈良国立博物館蔵)…ホームページ「奈良国立博物館 収納品データベース」https://www.narahaku.go.jp/collection/745-0.html
『閑窓随筆』(鈴木忠侯)…東京大学総合図書館所蔵本
『観音利益集』…古典文庫『中世神仏説話』一九五〇年、古典文庫
『逆修説法』(法然)…『昭和新修法然上人全集』一九七四年、平楽寺書店
『京都民俗志』(井上頼寿)…一九三三年、岡書店 ＊東洋文庫版に本書引用箇所なし。
「京の六地蔵めぐり」(六地蔵会)…二〇〇九年、六地蔵会
『清水寺縁起絵巻』…『続々日本絵巻大成』第五巻、一九九四年、中央公論社
『清水寺建立記』…鈴木学術財団『大日本仏教全書』第八三巻、一九七二年、鈴木学術財団

「熊野観心十界曼荼羅」…小栗栖健治『熊野観心十界曼荼羅』二〇一一年、岩田書院
『熊野の御本地のさうし』…日本古典文学大系『御伽草子』一九五八年、岩波書店
『元亨釈書』（虎関師練）…『国訳一切経』史伝部第一九巻、一九六三年、大東出版社
『源平盛衰記』…中世の文学・第一巻、一九九一年、三弥井書店
『江州安孫子庄内金台寺矢取地蔵縁起』…古典文庫『地蔵霊験記絵詞集』一九五七年、古典文庫
『興福寺奏状』（貞慶）…日本思想大系『鎌倉旧仏教』一九七一年、岩波書店
『古事談』（源顕兼）…新日本古典文学大系『古事談　続古事談』二〇〇五年、岩波書店
『滑稽雑談』（四時堂其諺）…国書刊行会版第二巻、一九一七年、国書刊行会
『子やす物語』…『室町時代物語集』第四巻、一九六二年、井上書房
『今昔物語集』…新編日本古典文学全集版第二巻、二〇〇〇年、小学館
『雑話筆記』（若林強斎）…日本思想大系『山崎闇斎学派』一九八〇年、岩波書店
『三国因縁地蔵菩薩霊験記』（良観続編）…榎本千賀・他編『一四巻本地蔵菩薩霊験記』上・下巻、二〇〇二・二〇〇三年、三弥井書店
『三国伝記』（玄棟）…中世の文学・上巻、一九七六年、三弥井書店
『三部経大意』（法然）…日本思想大系『法然　一遍』一九七一年、岩波書店
『私聚百因縁集』（住信）…鈴木学術財団『大日本仏教全書』第九二巻、一九七二年、鈴木学術財団
「地蔵」（ラフカディオ・ハーン）…平川祐弘編『神々の国の首都』一九九〇年、講談社
『地蔵縁起』（法然寺旧蔵）…古典文庫『地蔵霊験記絵詞集』一九五七年、古典文庫
『地蔵講式』（貞慶）…大正大学綜合佛教研究所講式研究会編『貞慶講式集』二〇〇〇年、山喜房佛書林
『地蔵十王経』a…『大日本続蔵経』第二編乙第二三套第四冊、一九一二年、蔵経書院

『地蔵十王経』b…石田瑞麿『民衆経典』一九八六年、筑摩書房
『地蔵十輪経』…『国訳一切経』大集部第五巻、一九八七年、大東出版社
「地蔵像」（足利尊氏）…瀬野精一郎編『日本歴史展望5　分裂と動乱の世紀』一九八一年、旺文社
「地蔵独尊来迎図」（東京国立博物館蔵）…松島健『地蔵菩薩像』一九八六年、至文堂
『地蔵仏感応縁起』（東京国立博物館蔵）…古典文庫『地蔵霊験記絵詞集』一九五七年、古典文庫
『地蔵菩薩一万躰印行縁起』…杉山友美「〈翻刻〉叡山文庫蔵『地蔵菩薩一万体印行縁起』二種―地蔵尊像流水供養説話資料集成（二）」（『実践国文学』第五三号、一九九八年）
『地蔵菩薩応験記』（常謹）…梅津次郎『絵巻物叢考』一九六八年、中央公論美術出版
『地蔵菩薩応験新記』（普門元照）…『仏教説話集成』第二巻、一九九八年、国書刊行会
『地蔵菩薩霊験記絵』（東京国立博物館蔵）…古典文庫『地蔵霊験記絵詞集』一九五七年、古典文庫
『地蔵菩薩像霊験記』…『大日本続蔵経』第二編乙第二三套第二冊、一九一二年、蔵経書院
『地蔵菩薩明治霊験報道編』（樹王軒董怡）…私架蔵本　↓牧野和夫・杉山友美による翻刻がある。「《翻刻》地蔵尊像流水供養説話資料三種―駒沢大学図書館永久文庫蔵『地蔵尊縁起』、牧野和夫蔵『地蔵尊影流水縁起』、杉山友美蔵『地蔵菩薩明治霊験報道編』」（『実践女子大学文学部紀要』第四一号、一九九九年）
『地蔵菩薩利益集』（浄慧）…私架蔵本　↓清水邦彦による翻刻がある。『路傍の地蔵像の宗教史的考察』翻刻編一、二〇一四年、科学研究費補助金報告書
『地蔵菩薩霊験絵詞』（頼教）…古典文庫『地蔵霊験記絵詞集』一九五七年、古典文庫
『地蔵菩薩霊験記』（実睿）…『続群書類従』第二五輯下、一九二四年、続群書類従完成会
『地蔵本願経』…『国訳一切経』大集部第五巻、一九八七年、大東出版社
『地蔵霊験記絵』（根津美術館蔵）…『新修日本絵巻物全集』第二九巻、一九八〇年、角川書店

『七箇条制誡』（法然）…日本思想大系『法然　一遍』一九七一年、岩波書店
『実峰良秀禅師語録』（実峰）…『訓註曹洞宗禅語録全書』第二巻、二〇〇四年、四季社
『島原大和暦』…『近世文藝叢書』第一〇巻、一九一一年、国書刊行会
『石神問答』（柳田國男）…『柳田國男全集』第一五巻、一九九〇年、筑摩書房　＊初出一九一〇年
『沙石集』（無住）…日本古典文学大系版、一九六六年、岩波書店
『十王讃歎鈔』（伝日蓮）…浅井要麟編『昭和新修日蓮聖人遺文全集』上巻、一九三四年、平楽寺書店
「十王図」…九州歴史資料館『筑前今津誓願寺展』一九七七年、九州歴史資料館
『十王本跡讃嘆修善鈔』（隆堯）…湯谷祐三「金勝山浄厳房隆尭法印『十王本跡讃嘆修善鈔』の解題と翻刻」（『同朋大学仏教文化研究所紀要』第二一号、二〇〇一年）
『酒呑童子』…新編日本古典文学全集『室町物語草子集』二〇〇二年、小学館
『承久三年四年日次記』…『大日本史料』第四編第一六巻、一九七二年、東京大学出版会
『聖愚問答鈔』（日蓮）…浅井要麟編『昭和新修日蓮聖人遺文全集』上巻、一九三四年、平楽寺書店
『聖財集』（無住）…阿部泰郎編『無住集』二〇一四年、臨川書店
『浄土和讃』（親鸞）…日本古典文学大系『親鸞集　日蓮集』一九六四年、岩波書店
『正法眼蔵』（道元）…岩波文庫第一巻、一九九〇年、岩波書店
『正法眼蔵随聞記』（懐奘）…日本古典文学大系『正法眼蔵　正法眼蔵随聞記』一九六五年、岩波書店
『諸回向清規』（楓隠）…『大正新脩大蔵経』第八一巻、一九三一年、大正一切経刊行会
『諸国年中行事』a（速水春暁斎）…一九八一年、八坂書房
『諸国年中行事』b（操巵子）…『民間風俗年中行事』一九一六年、国書刊行会
『諸仏感応見好書』（猷山）…『仏教説話集成』第一巻、一九九〇年、国書刊行会

『神道庚申記』…窪徳忠『庚申信仰の研究—日中宗教文化交渉史』、一九六一年、日本学術振興会
『新編相模国風土記稿』…大日本地誌大系版、一九五八年、雄山閣
『親鸞聖人御消息集』（親鸞）…日本古典文学大系『親鸞集　日蓮集』一九六四年、岩波書店
『垂加草』（山崎闇斎）…『山崎闇斎』下巻、一九七九年、日本図書センター
『瑞巌禅師語録』（瑞巌）…『訓註曹洞宗禅語録全書』第六巻、二〇〇四年、四季社
『砂の器』（松本清張）…新潮文庫版上巻、一九七三年、新潮社　＊初出一九六〇～一九六一年、読売新聞連載
『禅勝房に示されける御詞』（法然）…石井教道編『昭和新修法然上人全集』一九七四年、平楽寺書店
『禅勝房伝説の詞』（法然）…石井教道編『昭和新修法然上人全集』一九七四年、平楽寺書店
『選択本願念仏集』（法然）…日本思想大系『法然　一遍』一九七一年、岩波書店
『想山著聞奇集』（三好想山）…『日本庶民生活史料集成』第一六巻、一九七〇年、三一書房
「総持寺中興縁起」（瑩山）…『瑩山禅』第一〇巻、一九九一年、山喜房佛書林
『雑談集』（無住）…中世の文学、一九七三年、三弥井書店
『竺山禅師語録』…『続曹洞宗全書』語録第一巻、一九七三年、曹洞宗全書刊行会
『注十王経』…叡山文庫所蔵本
『典座教訓』（道元）…中村璋八『典座教訓　赴粥飯法』講談社学術文庫、一九九一年、講談社
『東海道名所記』（浅井了意）…東洋文庫版、一九七九年、平凡社
『洞谷記』（瑩山）…『洞谷記』研究会『諸本対校瑩山禅師『洞谷記』』、二〇一五年、春秋社
『日要新聞』…京都市『史料　京都の歴史』第三巻、一九八四年、平凡社
『日葡辞書』…土井忠生・他編訳『邦訳日葡辞書』一九八〇年、岩波書店
『日本史』（ルイス・フロイス）…東洋文庫版・第四巻、一九七〇年、平凡社

『日本禅宗始祖千光祖師略年譜』（高峰東晙）…藤田琢司『栄西禅師集』二〇一四年、禅文化研究所
『日本霊異記』（景戒）…日本古典文学大系版、一九六七年、岩波書店
『忍性菩薩略行記』（浄名）…田中敏子「忍性菩薩略行記（性公大徳譜）について」『鎌倉』第二一号、一九七三年
『念仏往生決心記』（良遍）…『浄土宗全書』第一五巻、一九七一年、山喜房佛書林
『俳諧歳時記』（曲亭馬琴）…尾形仂・小林祥次郎『近世後期歳時記本文集成並びに総合索引』一九八四年、勉誠社
『播州法語集』（一遍）…『一遍上人全集』一九八九年、春秋社
『日次紀事』（黒川道祐）…『新修京都叢書』第四巻、一九六八年、臨川書店
『福斎物語』a…『徳川文藝類聚』第一巻、一九一四年、国書刊行会
『福斎物語』b…京都大学図書館所蔵本
https://rmda.kulib.kyoto-u.ac.jp/item/rb00013030#?c=0&m=0&s=0&cv=0&r=0&xywh=2472%2C-114%2C8014%2C2275
『仏光国師語録』（無学祖元）…鈴木学術財団『大日本仏教全書』第四八巻、一九七一年、鈴木学術財団
『仏説地蔵菩薩経』…『大正新脩大蔵経』第八五巻、一九六〇年、大正新脩大蔵経刊行会
『奉納縁起記』（真教）…鈴木学術財団『大日本仏教全書』第四七巻、一九七一年、鈴木学術財団
『宝物集』（平康頼）…新日本古典文学大系『宝物集　閑居友　比良山古人霊託』一九九三年、岩波書店
『反故集』（鈴木正三）…日本古典文学大系『仮名法語集』一九六四年、岩波書店
『菩提心別記』（栄西）…『日本大蔵経』第八四巻、一九七六年、鈴木学術財団
『本朝諸仏霊応記』（玄瑞）…『仏教説話集成』第一巻、一九九〇年、国書刊行会
『枕草子』（清少納言）…日本古典文学大系版、一九五八年、岩波書店
『満済准后日記』（満済）…続群書類従版上巻、一九五八年、続群書類従完成会
『見た京物語』（二鐘亭半山）…『日本随筆大成』新版、第三期第八巻、一九七七年、吉川弘文館

「亡者授戒」…石川力山『禅宗相伝資料の研究』上巻、二〇〇一年、法藏館
『矢田地蔵縁起』…『新修日本絵巻物全集』第二九巻、一九八〇年、角川書店
『山城四季物語』（坂内直頼）…『近世文学資料類従』古板地誌編五、一九八一年、勉誠社
『山城国中浄家寺鑑』（森本迪菴）…佛教大学図書館所蔵本 https://bird.bukkyo-u.ac.jp/collections/jokejikan-01-01/
『遊歴雑記』（十方庵敬順）…『江戸叢書』第五巻、一九六四年、名著刊行会 ＊東洋文庫版には該当箇所（「豆腐地蔵」）は収められていない。
『洛陽十二社霊験記』（松浦星洲）…『新修京都叢書』第五巻、一九六八年、臨川書店
『六道絵』（出光美術館蔵）…富山県［立山博物館］編『地獄遊覧―地獄草紙から立山曼荼羅まで』二〇〇一年、富山県［立山博物館］

後書き

本書は筆者にとって二冊目の単著書である。

筆者が大学院に入学し全国学会に参加するようになった、一九九〇年代前半は、末木文美士・佐藤弘夫・松尾剛次・林淳・市川浩史（順不同・敬称略、以下同じ）といった方々が単著書を公刊し始めた時期であった。「私も大学の専任教員となり、本を出せるようになるといいな」という思いを秘め、努力した結果、幸いなことに公募により一九九九年四月、金沢大学文学部に採用されたものの、なかなか単著書を公刊する機会には恵まれなかった。二〇二三年になってようやく二冊目が公刊となったことは忸怩たる思いである。しかしながら、地蔵に関し、さほど論拠もなく形成された通説の是非を整理した本書は、これからの地蔵研究において必携本となると手前味噌ながら確信している。

以下、筆者が地蔵を研究するようになった経緯を記すことで本書の立場を確認する。本書序章で記した通り、筆者と地蔵との出会いは小学生時代にまで遡る。当然のことながらその頃、将来地蔵を研究するとは思ってもみなかった。（そんな小学生がいたら、筆者でも怖い。）ただ、思い返すと、その頃から筆者は、「一般の人々にとっては当たり前の事象だが、当たり前過ぎて説明できないもの」に関心を向けていたようである。

「一般の人々にとっては当たり前の事象だが、当たり前過ぎて説明できないもの」の解明を一目的とする日本民俗学と筆者との出会いは駿台予備校という特殊な場であった。子の受験に熱心すぎる母によって不本意な高校への進学を余儀なくされた筆者は、高一・高二において受験勉強に対し一切やる気を感じていなかった。流石に高二の冬になると「そろそろ受験勉強をしなければ」と思い、何の気なしに駿台予備校冬期講習高二生対象「日本史」を受講する。その授業は雑談混じりであったが、筆者はその雑談に引き込まれてしまった。「こういう研究ができるのであれば大学へ行ってもよいな。ところであの先生の名前は何というのだろうか」以上の問題意識を抱えつつ、筆者は高三・浪人時代において駿台予備校に身を寄せる。結果、浪人時代になって、その先生の名前が分かる。新谷尚紀（たかのり）（後、国立歴史民俗博物館教授を経て、現在は國學院大學大学院客員教授）。ずうずうしく筆者は講師室を訪れる。「先生がなさっている学問はどこの大学に行けばできますか」「僕のやっている学問は日本民俗学というんだ。日本民俗学であれば宮田登のいる筑波大学がよい」。筑波大学は子の受験に熱心すぎる母の許容範囲だったので、もともと受験候補ではあったが、新谷の発言が決定打となって改めて受験することとなる。しかし、高一・高二において、ほとんど受験勉強しなかった筆者が筑波大学に受かるはずもなく、学習院大学文学部哲学科等幾つかの私立大学に合格するのみで筆者の大学受験は終わる。

　学習院大学文学部哲学科へ進学したのも筆者の本意ではない。合格した幾つかの私立大学を調べている最中、父の友人で当時学習院高等科教諭であった方から驚くべき情報が寄せられる。「学習院大学文学部哲学科（日本思想史専攻）を卒業した方が今年弘前大学の専任教員となった。ご子息は学習院に行くべきだ！」父はこの情報に狂喜乱舞し（学習院のコネで息子も地方国立大の専任教員になれるかもしれないという誤った思い込み。弘前大学の件は公募）、学習院大学文学部哲学科への進学を強く推す。筆者は「哲学は性に合わない」と主張したのだが、「四年間我慢して、大学院は好きなところへ行け。大学院での研究費は俺が全額出す」という父に押し切られてしまった。仕方が無いので学習院大学文学部哲学科に進学、日本思想史ゼミに所属し、道元『正法眼蔵』を読むこととなる。（これが結果的に本書第三章第二節に役立った。人生、何が役立つかは正直分からない。）並行して学外のカルチャーセンター・放送大学等で日本民俗学を学び（当然、卒業単位にはならない）、捲土重来を期することとなる。筆者にとって誤算だったのは、父が初の単著書『アメリカ州別文化事典』を公刊した直後に亡くなったことである。筆者が大学二年の夏のことである。

その頃筆者は縁日のレポートに取り組んでいた。当時、筆者は都電荒川線で学習院大学に通っていたのだが、四の付く日に限って高齢者の乗客が非常に多い。調べてみると、沿線にとげぬき地蔵があり（本書第五章第三節にて言及）、四の付く日は地蔵の縁日なので参詣者が他の日より多く、高齢者の乗客が非常に多くなったことが分かった。筆者がこの事に気づいたのは一九八五年（昭和六〇）である。り、とげぬき地蔵が「おばあちゃんの原宿」としてマスコミで取り上げられる約一年前である。「じゃ、縁日って何？」筆者は疑問に思った。縁日は「一般の人々にとっては当たり前の事象だが、当たり前過ぎて説明できないもの」である。

無知というものは恐ろしいもので、大学二年の筆者は、各種の仏教語辞典を引く。結果、どの辞典も語義しか載っておらず、経典に典拠のない縁日の意味を説明したものは一つもなかった。途方に暮れた筆者は、たまたま大学図書館の辞書コーナーで見かけた平凡社『世界大百科事典』で「縁日」を引く。すると、「縁日が設定されている日はおおよそ月が出ている日であり、縁日は中国の原始月信仰と習合して生まれた」といった説明がある。「すげえー、こんな説明は仏教語辞典にはなかった。この項目を書いたのは誰だ?」と項目の最後を見ると、宮田登の名前。「親父が生きていれば……」。

そんな筆者が大学院に進学できたのは、父が亡くなって約二カ月後、母が公立学校の産休教諭になったからである。産休教諭であるゆえ、必ずしも一年一二カ月通しで仕事がある訳ではなく、時に空白期間が生じる。しかし、仕事があればその間地方公務員並みの給与が出る。母の試験問題・解答用紙を私がワープロ打ちすることを条件に大学院進学を認めてもらうこととなる。(亡くなる一週間前、父が「俺に万一のことがあっても邦彦は大学院に行かせてやってくれ」という言葉を母に遺してくれたのも母が私の大学院進学を認めざるを得なくなった要因の一つだが。)母の試験問題・解答用紙をワープロ打ちするということは長期の現地調査を行う日本民俗学を研究することが不可能ということになる。当時、大学二年であった筆者は、代案として神仏習合思想(神仏習合も「一般の人々にとっては当たり前の事象だが、当たり前過ぎて説明できないもの」である)を研究テーマとし、他大学の大学院進学、そこで日本民俗学の授業があれば出席、ということを考えていた。ただ、神仏習合思想といっても様々な切り口がある。大学二年の終わりの時期において筆者は研究テーマを未だ決めかねていた。

明けて大学三年の四月、筆者は例年の如く「卒業単位にならなくてもいいから、日本民俗学の授業ないかな？」と〈今でいう〉紙シラバスをぱらぱらめくる。そこで日本文学科において地蔵の授業が開設されることを知る。当然、哲学科の授業を押しのけて、当該授業の第一回に出席する。当時、他学科の授業を履修するには担当教員の許可（口頭）が必要であった。「哲学科の清水と申します。是非、先生の授業を履修したいのですが」「あなたね、もっとも哲学と違うことを取り上げますが、よろしいですか」初対面の教員に強く言われ、一瞬たじたじになるが、ここで引いてはいけない。「あの、あの、私は哲学科と申しましても日本思想史ゼミ所属で神仏習合思想に興味がありまして……」「それでしたら大歓迎です。どうぞ履修してください」担当教員の名前は大島建彦。当時、東洋大学教授である。東洋大学は妖怪撲滅運動を行った井上円了（本書第五章「はじめに」にて若干言及）が作った大学であるゆえ、時に迷信を取り上げる大島の研究に対して、他の教員が軽く問題視することもあったらしい。ということで当該授業で地蔵つけ（かごめかごめのようなもので、憑依儀礼の一種）を取り上げる予定だった大島は何も知らない哲学科の学生が履修して「こんなの学問ではない」とか言われる可能性を考慮して、念のため確認したのであった。

大島の授業は毎回筆者にとって興味深いものであった。中でも興味を引かれたのは、廻（まわ）り地蔵である。廻り地蔵とは集落の家々が順番に地蔵像を一定期間預かる民俗行事である。日本の神が一定の場所に留まらず巡幸することと類似しているが、相違点も多々ある。大島が紹介したのは埼玉県の事例であったが、雑談として「私の友人が埼玉県某所に引っ越したところ、ある日隣家から『今日からあんたのとこの番だから』と言われ、家に地蔵像が運び込まれた」という事例を紹介する。その時筆者は思った「これだ!」。筆者の心中をあえて言語化すれば、地蔵信仰は現代にまで続いているものだが、一般の人々にとっては当たり前の事象であるゆえ、その歴史・思想（日本民俗学でいう心意）は意外と分かっていない、これを解明することが私の研究テーマである、となる。ちなみにその段階で、当時、筑波大学に神仏習合思想を研究テーマとする広神清がいることは分かっていた。「広神であれば私の問題意識を理解してくれる」筑波大学であれば東京に戻って母の試験問題・解答用紙のワープロ打ちもできる。宮田登の授業にも出席できる。以上を踏まえ筆者は地蔵信仰を研究テーマとし、筑波大学大学院博士一貫課程日本文化研究学際カリキュラムに進学することとなる。当然のことながら筑波大学の教員の方々も筆者の研究テーマを考慮し、主専攻・日本思想史、副専攻・日本民俗学という形を取ってくれた。

本書が日本思想史研究的面と日本民俗学的面の両面を持つのは筆者が以上の経緯から学際研究を行ってきたことを反映している。この方法が正しいかどうか、正直いうと筆者も時に疑問を感じることがあった。しかし、地蔵信仰という捉えどころのないものを研究するには一つの学問に留まる訳にはいかない、という結論に達し、学際研究の立場から本書を執筆した次第である。

本書の編集・校閲においては、田中夕子さんをはじめとする法藏館編集部に大変お世話になった。本書のタイトルも法藏館編集部からの提案である。厚く御礼を申し上げる次第である。

清水邦彦

清水邦彦（しみず　くにひこ）

1965年生まれ。筑波大学大学院博士一貫課程日本文化研究学際カリキュラム単位取得退学。現在、金沢大学国際学類教授。博士（歴史民俗資料学）。専攻は日本思想史・日本民俗学。単著書に『中世曹洞宗における地蔵信仰の受容』（岩田書院）、共著書に『日本民俗宗教辞典』（東京堂出版）、『中世仏教の展開とその基盤』（大蔵出版）、『徹通義介禅師研究』（大法輪閣）、『近代国家と仏教』（佼成出版社）。

お地蔵さんと日本人

二〇二三年　七　月二四日　初版第一刷発行
二〇二三年一〇月二四日　初版第二刷発行

著　者　清水邦彦
発行者　西村明高
発行所　株式会社　法藏館
京都市下京区正面通烏丸東入
郵便番号　六〇〇-八一五三
電話　〇七五-三四三-〇〇三〇（編集）
〇七五-三四三-五六五六（営業）

装幀　濱崎実幸
印刷・製本　中村印刷株式会社

ISBN 978-4-8318-6273-0 C0021